상상력 훨훨
엄마랑 요리,
집중력 쑥쑥
아빠랑 만들기

엄마랑 요리, 아빠랑 만들기

펴낸날 2016년 12월 22일

지은이 장은숙
펴낸이 주계수 | **편집책임** 윤정현 | **꾸민이** 이슬기

펴낸곳 밥북 | **출판등록** 제 2014-000085 호
주소 서울시 마포구 월드컵북로 1길 30 동보빌딩 301호
전화 02-6925-0370 | **팩스** 02-6925-0380
홈페이지 www.bobbook.co.kr | **이메일** bobbook@hanmail.net

© 장은숙, 2016.
ISBN 979-11-5858-215-9 (03590)

※ 이 도서의 국립중앙도서관 출판시도서목록(CIP)은 e-CIP 홈페이지(http://www.nl.go.kr/cip)에서 이용하실 수 있습니다. (CIP 2016030687)

※ 이 책은 저작권법에 따라 보호받는 저작물이므로 무단전재와 복제를 금합니다.
※ 책값은 표지 뒷면에 표기되어 있습니다.

아이와 함께하는 사계절 행복한 놀이

상상력 훨훨
집중력 쑥쑥

엄마랑 요리, 아빠랑 만들기

장은숙

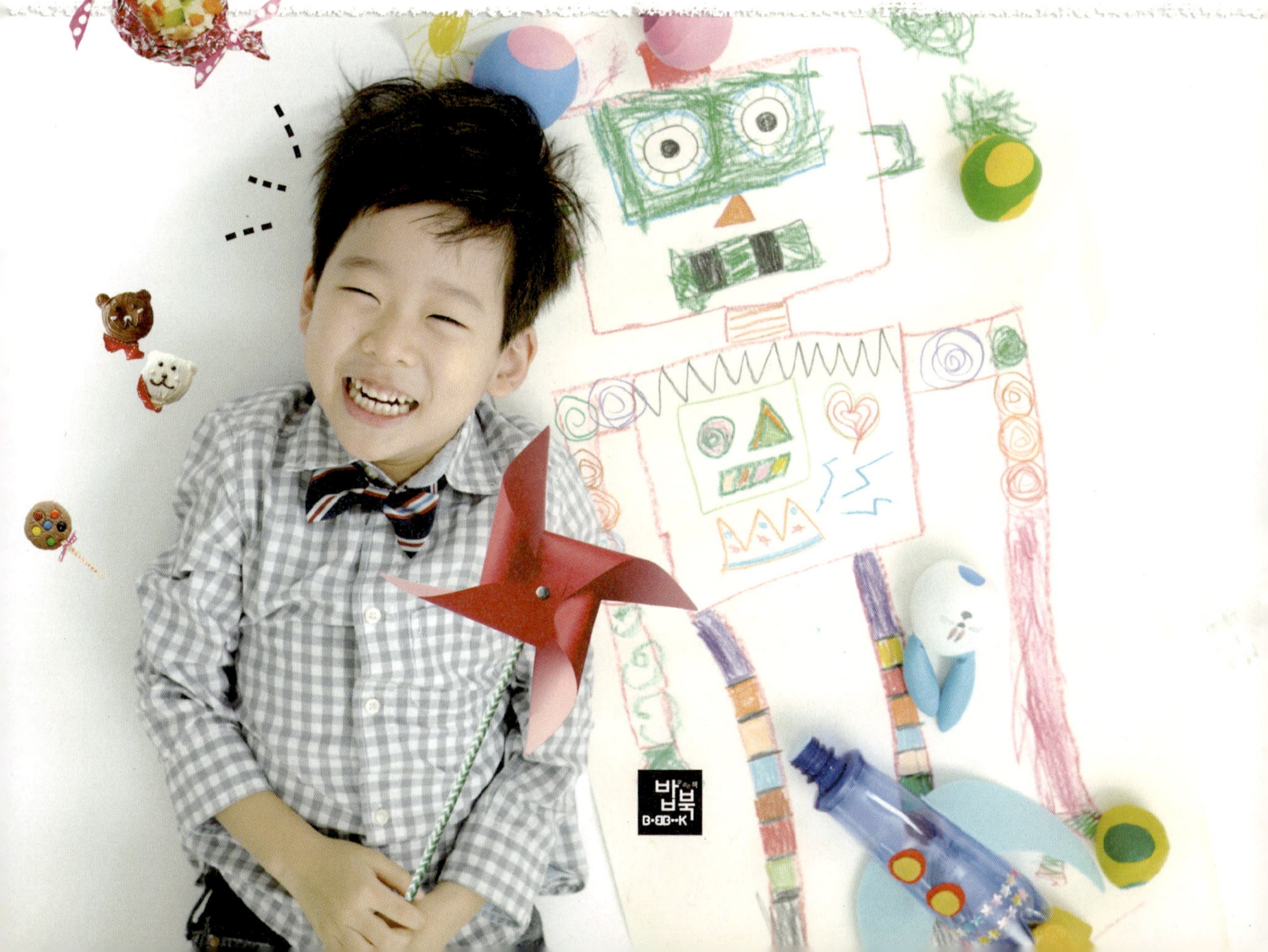

prologue

미술놀이의 효과

음식에 간을 할 때 소금을 조금 더 넣으면 너무 짜고 소금을 조금 모자라게 넣으면 싱거운 것처럼 아이들에게도 사랑을 너무 많이 주면 엄마에게 너무 기대게 되고 사랑이 부족하면 자립과 애착 형성에 문제가 됩니다. 이 균형을 어떻게 맞출 수 있느냐는 엄마와 아이가 함께 놀이하며 엄마의 스킨십, 칭찬, 질문, 관심, 끝까지 아이가 할 수 있다고 믿으며 바라봐주는 눈빛에 그 답이 있습니다.

만들기를 하면서 자신이 만들고 싶어 하는 대로 될 때도 있지만 선이 빗나가서 종이가 찢어지거나 가위질, 풀칠이 서툴고 테이프가 잘 붙여지지 않아서 속상해하며 실패, 좌절의 기분을 조금 맛보기도 합니다. 찢어지면 붙여보고, 그림이 틀리면 지우개로 지워보며 '이 모양은 어떨까? 저렇게 해볼까!' 하며 스스로 생각하는 힘을 기를 수 있습니다. 또 다양한 아이디어를 구상하고 만들기 과정을 통해 느낀 성취감과 다양한 감정들을 다른 상황에도 대입시켜 볼 수 있습니다. 직접 몸을 움직여서 생기는 경험을 통해 문제해결능력과 사고력을 키우고 자신을 컨트롤 할 수 있는 감정의 변화를 배울 수 있습니다.

두뇌발달, 긍정적 자아, 상대방과의 상호작용, 사회성, 자기조절능력, 리더쉽, 언어능력향상, 자존감과 자신감을 두루 갖춘 창의적이고 역량 있는 아이로 키우고 싶다면 공부를 가르치기 전에 아이의 눈높이로 아이 마음을 읽어주세요. 질문과 대화를 주고받으며 아이가 만든 결과물이 조금 늦더라도 기다려 주는 인내심을 가지고 아이와 함께 아이가 즐기는 놀이를 해보세요. 놀이는 곧 흥미이며 재미입니다. 아이가 재미있어하는 진짜 놀이는 '본인이 원하고, 즐겁고, 계속하고 싶으며 놀이의 주체자가 되는' 놀이입니다.

놀이 효과는 바로 나타나지 않고 조금씩 서서히 나타납니다. 놀이를 통해 다양한 정보를 알아가는 기쁨, 자신이 스스로 해내는 기쁨을 느끼게 해주세요. 천천히 기다리며 아이가 마음 편하게 놀 수 있는 환경을 제공하고 호기심을 유발해 주면 아이는 얼굴 표정으로, 말로, 행동으로 나타내어 줍니다. 나는 행복한 아이라고, 말입니다.

유·아동기에 부모와의 상호작용을 통해 정서적 안정, 유대감이 형성된 아이는 만족감, 성취감, 자신감을 느끼게 됩니다. 어른이 된 후에도 실패와 좌절이 든든한 디딤돌이 되어 넘어져도 다시 일어설 수 있는 사람이 되어 자신의 일을 즐기며 정확한 목표를 가지고 앞으로 나아가는 행복하고 가슴 뛰는 삶을 살 수 있게 될 것이라 믿습니다. 놀면서 배운다는 말처럼 놀이를 통해 자신을 알아가고 이해하며 자신만의 세계를 만들어 갑니다.

요리 놀이의 효과

아이와 함께 상추씨를 같이 심어보고 얼마나 자랐는지 관찰하고 아침에 자고 일어나면 상추에게 "잘 잤니?" 아침 인사 하며 물을 주고 말을 걸어주며 채소와 친해질 시간을 주세요.

아이가 키운 상추가 무럭무럭 자라 밥상 위에 올라오면 아이에게 '네가 물과 사랑을 줘서 키가 쑥쑥 큰 상추가 됐다'며 칭찬을 듬뿍 해주세요. 자신이 키운 상추를 맛보는 성취감을 통해 다른 채소도 꺼리지 않고 조금씩 다가갈 수 있게 되는 계기가 되어 올바른 식습관을 형성할 수 있도록 도와줍니다.

요리 놀이는 아이가 커서 요리사가 되길 바라는 마음으로 하는 게 아닙니다. 계량컵으로 저울에 무게를 재며 다양한 조리 도구를 사용해 보고 빵 반죽으로 여러 표정의 얼굴 모양을 만들며 창의성과 소근육을 발달시키며 오감을 자극하고, 책임감과 협동심을 키우고 사회성을 발달시킵니다. 또한, 요리 놀이를 통해 물질이 변화하는 과정의 모습을 알아보며 흥미를 높일 수 있습니다. 바다에 가서 모래로 성도 쌓고 두꺼비 집도 지으며 즐거운 놀이 하듯이 요리도 다양한 식재료로 아이가 직접 재밌게 만들며 맛있게 먹을 수도 있는 놀이입니다.

아이와 상의한 후 요리주제가 정해지면 마트에 가서 어떤 재료가 들어가는지 같이 장을 봅니다. 재료 탐색부터 다듬기, 볶기 등 아이와 함께 엄마가 쓰는 주방용품들을 사용하며 아이는 자신이 어른이 된 듯한 표정을 지으며 씩씩하고 당당한 모습을 보여 줍니다. 아이가 만든 음식을 가족들과 함께 하는 식사 시간에 식탁에 올려 칭찬도 듬뿍 해주고 아이가 직접 만든 쿠키나 간단한 음식을 친구들에게 선물해 다른 사람과 나누는 기쁨을 배울 수 있습니다.

아이가 어릴수록 엄마와 아이가 자유로운 시간을 선택해 친숙한 집이라는 편안한 공간에서 천천히 식재료를 탐구하고 다양한 모양과 아이디어를 표현해 보고 대화하며 교감할 수 있습니다.

마음을 키우는 즐거운 놀이 시간

아이의 성장과 발진을 위해 가장 중요한 것은 먼저 엄마의 자존감을 높이는 일입니다. 엄마가 가진 자존감, 자신감, 가치관은 스펀지에 물이 들듯이 아이에게 스며들기 때문입니다. 엄마인 내가 행복하고 스스로를 아끼고 자신의 일을 가치 있고 소중하게 생각하는 마음을 가진다면 아이 또한 자신을 높이 평가하는 자존감이 높은 아이로 자랄 수 있습니다.

책을 준비하며 제가 어렸을 적 엄마와 나눴던 이야기, 엄마와의 놀이에 대해 생각해보게 되었습니다. 엄마의 사랑과 믿음으로 지금의 제가 있을 수 있는 것처럼 먼 훗날 제 아이가 어른이 되어서 엄마와 나눴던 이야기를 되새기고 추억을 생각하며 살아갈 날이 오겠지요.

아이에게 엄마는 자신을 있는 그대로 믿어주는 사람이며, 엄마를 통해 세상을 상상하며 안전함을 느끼고 자신의 것으로 만듭니다. 아이를 다시 키울 수 없고 오늘 이 시간이 다시 오지 않기에 하루하루가 더욱 특별하게 느껴지고 친구 같은 엄마, 마음을 나눌 수 있는 엄마와 아이가 되었으면 좋겠습니다. 인생의 가장 중요한 밑기둥을 만드는 유·아동기에 엄마와의 좋은 애착과 유대관계를 통해 심지 굳고 자신의 주관을 가진 아이로 자랐으면 하는 바람입니다.

이 책에 나온 크래프트와 키즈쿠킹 놀이를 통해 반짝반짝 빛나는 보석 같은 내 아이와 엄마가 함께 행복하고 서로의 사이가 더 돈독해지며 서로를 알아가고 이해할 수 있는 시간이 되기를 기대해 봅니다. 감사합니다.

contents

prologue 4

만들기 재료와 베이킹 도구 12

크래프트 봄

- 개굴개굴 개구리 모자 18
- 따르릉 뚜껑 전화기 20
- 노란 버스다! 각티슈 유치원 버스 22
- 꼭꼭 숨어라~ 당근 알파벳놀이 24
- 감사합니다! 종이 카네이션 26
- 동글동글 무당벌레 28
- 빙글빙글 바람개비 30
- 손가락으로 꾹꾹 생일액자 32
- oh! my flower 히아신스꽃 34
- 생일축하해 촛불 왕관 36

크래프트 여름

- 시원 시원 수박 부채, 오렌지 부채 42
- 샤랄라 옷걸이 우산 44
- 달콤 상콤 종이 아이스크림 46
- 룰룰랄라 종이컵 물고기 낚시 48
- 오늘은 내가 의사! 병원놀이 50
- 내몸은 내가 지키자! 몸에 좋은 음식 나쁜 음식 52
- 충치 세균 물러가라! 치카치카 치과 놀이 54
- 가족생일을 찾아보자! 자전거 카렌더 56
- 냠냠냠 종이 샌드위치 58
- 내가 만들꺼야! 동물 모양 비닐 크로스백 62

크래프트 가을

지글보글 종이 상자 가스레인지 68
찰칵찰칵 카메라 70
울긋불긋 단풍잎 가랜드 74
주렁주렁 감나무 76
잡아 볼까? 종이 잠자리 78
참 잘했어요 칭찬 트로피 80
데구르르 굴려 볼까? 알록달록 풍선공 82
우리동네 자동차 도로 84
딩가딩가 종이 기타 86
오늘은 뭘 먹지? 알파벳 요일 애벌레 88

크래프트 겨울

날아라! 로켓 백팩 92
반짝이 눈이 내려요! 공룡 스노우볼 94
바느질 헤어 드레서 동물 미용실 96
포크로 찍어봐요! 복슬복슬 동물 얼굴 98
내가 만들어 더 특별한 파스타 목걸이 100
땡그랑! 로켓 저금통 102
삐리삐리 로봇 크레파스 104
손가락 꾹꾹 핑거 프린트 루돌프 카드 108
네 기분은 어떠니? 기분을 말해봐 110
개미야 어디가! 개미집 112

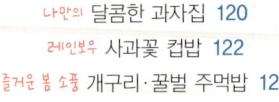

봄

나만의 달콤한 과자집 120
레인보우 사과꽃 컵밥 122
즐거운 봄 소풍 개구리·꿀벌 주먹밥 124
팽팽팽팽 매력 만점 무당벌레 샌드위치 126
후~ 불어보자 식빵 바람개비 128
입안 가득 알사탕 주먹밥 130
봄봄봄~ 봄이 왔어요~ 화전 132

여름

속코볼이 콕콕 롤리팝 쿠키 136
롤리롤리 롤리팝 절편떡 138
시원 달콤 과일 화채 140
아이가 만드는 첫 김치 동물 모양 깍두기 142
I can see the rainbow 레인보우 머핀 144
yummy yummy 망고 아이스크림 146
brown bear 곰돌이 얼굴 브레드 148
상큼한 오렌지 컵 젤리 150

가을

티라노사우르스 공룡 도시락 154
건강한 달콤함 양갱이 156
밤송이가 한가득 밤 경단 158
천연재료 색깔놀이 시금치 단호박 만두 160
trick or treat 할로윈 만주 162
뛰뛰 빵빵~ 떠나요 자동차 도시락 164
우리 가족을 소개 합니다 테디 베어 패밀리 도너츠 166

겨울

뾰족뾰족 고슴도치 고구마 카나페 170
딸기 품은 딸기 찹쌀떡 172
colorful 물고기 피자 174
예쁜 엄마 얼굴 스파게티 176
카레에 풍덩 빠진 눈사람 카레라이스 178
영양가 듬뿍 단호박 케이크 푸쉬업 팝스틱 180
반짝이는 코 매력적인 뿔 루돌프 머핀 182

스페셜

동물 컵케이크 186
레이싱카 케이크 187
코끼리 케이크 188
수박 케이크 189
시계 케이크 190

창의력 쑥쑥 성장 191
부록 바른 먹거리 식습관 성장 192

만들기 재료

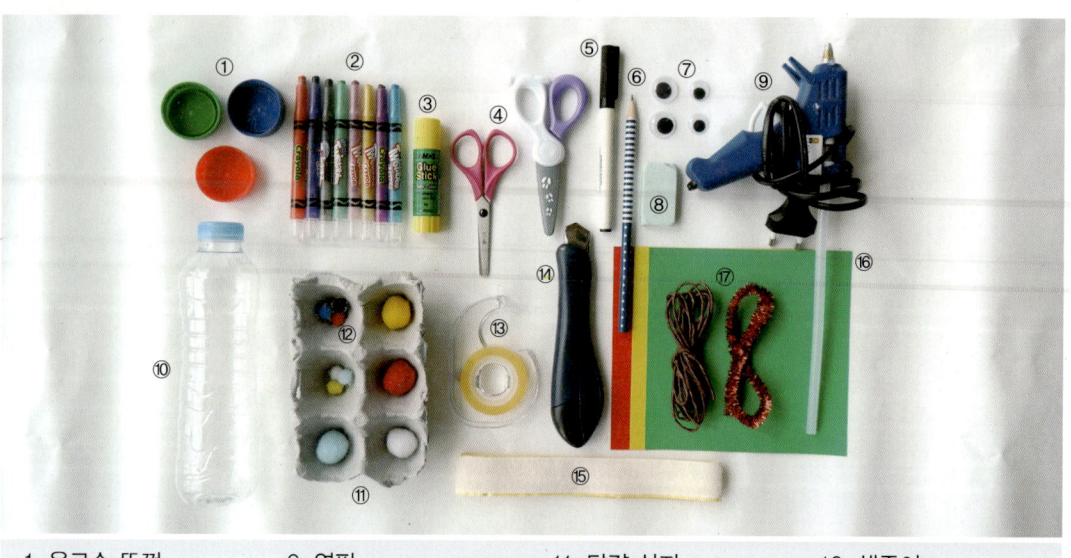

1. 음료수 뚜껑	6. 연필	11. 달걀 상자	16. 색종이
2. 색연필	7. 눈알	12. 폼폼이	17. 종이 끈, 머루
3. 풀	8. 지우개	13. 투명테이프	
4. 가위	9. 글루건	14. 칼	
5. 네임펜	10. 플라스틱 통	15. 벨크로 테이프	

★ 만들기 놀이 시간에 알아둘 유의 사항

1. 만들기 놀이를 하기 전 어떤 주제를 하고 싶은지 어떤 재료가 필요할지 아이들과 상의해주세요.
2. 종이 상자, 플라스틱 우유 통과 뚜껑, 신문지, 리본 등등 평소에 사용한 다양한 재활용품들을 깨끗하게 보관해놓으면 다채로운 활동을 할 수 있습니다.
3. 글루건이나 칼, 송곳 등 뾰족하고 위험한 도구를 사용해야 할 때는 엄마가 도와주시고 만들기 놀이의 주인은 아이가 되게 하며 엄마는 옆에서 도와주는 보조자 역할만 해주세요.
4. 종이 상자로 집 모양을 만든다면 꼭 세모 지붕이 아니어도 되고 자동차의 바퀴가 꼭 4개가 아니라 6개로 만들어도 됩니다. 아이가 상상하는 데로 아이가 원하는 대로 그렇게 만들 수 있는 자유로운 놀이 시간을 가질 수 있도록 해주세요.

베이킹 도구

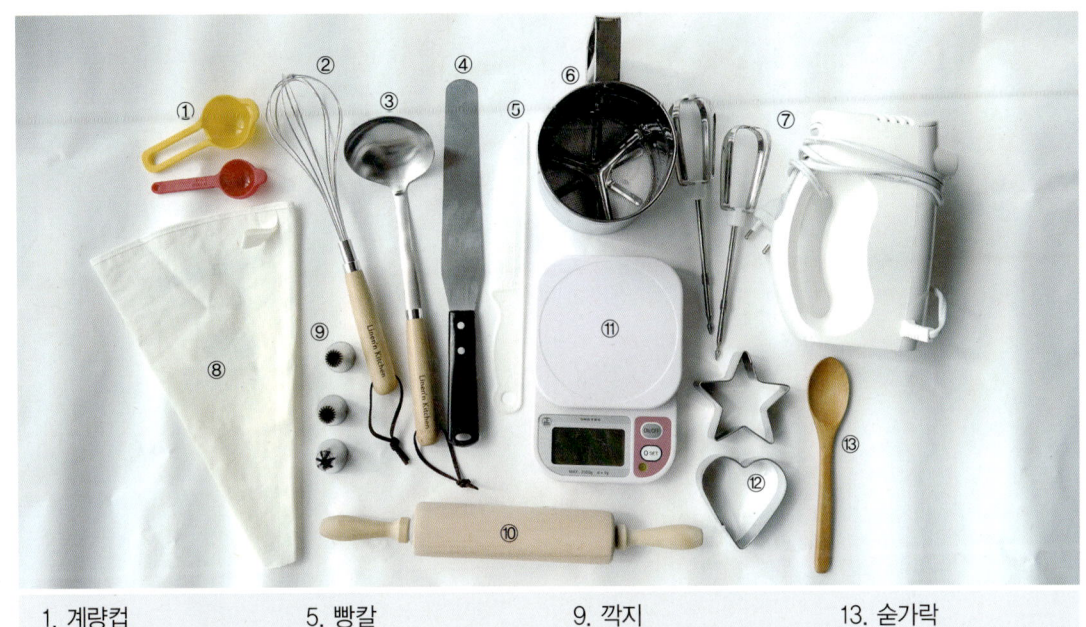

1. 계량컵	5. 빵칼	9. 깍지	13. 숟가락
2. 거품기	6. 체	10. 밀대	
3. 국자	7. 휘핑기	11. 전자저울	
4. 스페출라	8. 짤주머니	12. 모양 찍기 틀	

★ 요리 놀이 시간에 알아둘 유의 사항

1. 요리 수업 전 항상 깨끗하게 손을 씻은 후 손에 있는 물기를 닦아주고, 앞치마나 묻어도 신경 쓰이지 않는 편한 옷을 입혀주세요.

2. 자르기에 딱딱한 당근, 감자, 브로콜리 등은 뜨거운 물에 미리 데쳐서 준비해 주고 안전한 도구를 선택하며 플라스틱 칼이나 어린이용 비닐장갑을 이용해서 사용하기 편하게 해주세요.

3. 불이나 뜨거운 물을 사용할 때 화상의 위험에 대해 항상 이야기해주시고 가스레인지보다는 전기 레인지 또는 전기 팬으로 준비해 주세요.

4. 식재료를 탐색할 충분한 시간을 주시고 자신이 먹어본 경험 또는 책이나 텔레비전에서 본 간접 경험이 있다면 잘 듣고 호응해주시고 조리하는 동안 서툴고 늦더라도 스스로 할 수 있도록 기다려 주세요.

spring
봄
크래프트

개굴개굴 개구리 모자

개구리가 개굴개굴 우는 계절 봄이 왔네요. 아이에게 개구리 동화를 들려주세요. 엄마와 아이가 함께 개구리 모자를 만들어 머리에 쓰고 개구리처럼 폴짝폴짝 뛰어보는지 개구리가 왜 시끄럽게 우는지, 개구리 귀는 있는지 등등 개구리에 대해 알아보는 시간을 가지면 어떨까요? 개구리처럼 약한 동물에게 돌을 던지거나 함부로 대하지 않고 생명을 소중하게 생각하는 마음을 가질 수 있도록 알려주세요. 개구리 모자 접는 방법을 알아두면 토끼나 사자 호랑이처럼 다양한 동물 모자로도 응용할 수 있어요!

재료

다양한 색상의 색지, 풀, 가위, 펜, 눈알 2개

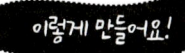
이렇게 만들어요!

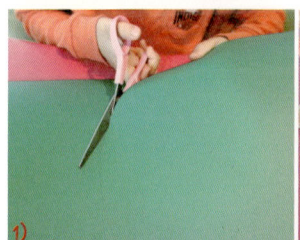

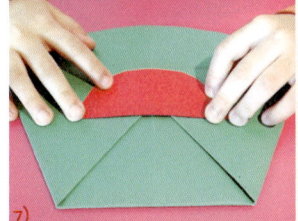

1) 지름 40cm 크기로 동그랗게 그린 후 가위로 잘라준다. (컴퍼스 또는 볼을 대고 그려도 좋다)

2) 잘라놓은 종이를 반으로 접어준다.

3) 위쪽으로 다시 반을 접은 후 눌러준다.

4) 눌러준 종이를 다시 내린 후 한쪽 모서리를 맞추어 접어주고 반대쪽도 같은 방법으로 접어준다.

5) 아래쪽 2장 중 위 장을 올려 접어 눌러준다.

6) 빨간 색지에 개구리 입을 그린 후 가위로 오려주고 물컵을 이용해 개구리 눈을 그리고 눈알을 붙여준후 펜으로 눈썹을 그려준다.

7) 5번을 풀칠해서 붙여주고 개구리 입도 붙여준다.

8) 윗부분에 개구리 눈을 붙여 주고 펜으로 코를 그려준 후 아래쪽 남는 초록색 부분을 접어 안쪽으로 넣어준다.

Mom's Tip 초록색 종이로 연잎을 여러장 그려서 연잎 위를 개구리 모자를 쓰고 아이와 함께 개구리 처럼 폴짝 폴짝 뛰어 보자.

hello ★

따르릉 뚜껑 전화기

숫자를 0~10까지 종이 카드에 적어서 숫자의 개수만큼 아이가 펀치로 뚫는다든지, 눈으로 보면서 만질 수 있는 젤리나 바둑알을 세어보며 엄마와 같이 숫자 빙고 게임, 숫자가 적힌 플래시 카드를 활용하는 놀이를 통해 당당하게 말할 수 있는 발표력이 생기고 자신감을 향상 시킬 수 있습니다. 숫자에 조금 익숙해지면 엄마, 아빠 혹은 보모님의 전화번호를 알려주고 길을 잃었을 때 또는 불이 났을 때, 응급상황에 112나 119에 신고 할 수 있는 대처능력에 대해 아이와 함께 이야기 나눠봅니다.

재료

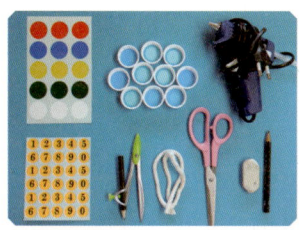

파란색, 보라색 색지, 컴파스, 끈, 숫자 스티커, 동그라미 스티커, 음료수 뚜껑 10개, 가위, 지우개, 연필, 글루건

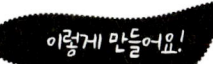 

1) 컴퍼스를 이용해서 동그라미를 그리고 전화기 모양을 연필로 그려 준 후 가위로 오려준다.

2) 오려놓은 전화기 모양을 색지에 올려놓고 따라서 그려준다.

3) 동그라미 도안도 색지에 올려놓고 그린 후 가위로 오려준다.

4) 잘라놓은 전화기와 수화기 도안에 글루건을 발라 끈을 연결해 준다.

5) 동그라미 도안을 전화기 중앙에 붙여준다.

6) 음료수 뚜껑에 숫자 (0~9) 스티커를 붙여준다.

7) 숫자를 순서대로 배열해준다.

8) 글루건을 이용해 고정시켜 주면 멋진 나만의 전화기 완성!!

Mom's Tip 뒷면에 두꺼운 종이로 한 번 더 붙여 주면 좀 더 단단하게 오래 사용할 수 있다!!

노란 버스다! 각티슈 유치원 버스

봄이 되면 새로운 환경에서 새로운 친구와 선생님을 만나서 즐겁게 한 해를 보낼 계획을 하지요. 원에 적응하는 시기에는 모든 것이 낯설고 어색해서 아이의 표정이 시무룩 할 때가 많습니다. 아침 차량 탈 때도 엄마와 헤어지기 싫어서 엄마 옷을 잡고 우는 아이를 보면 엄마도 마음이 짠해져요. 그럴 때마다 엄마가 아이를 더 믿어주시고 당당하고 씩씩하게 웃으며 인사해 주세요. 하루하루 시간이 지나면서 친구도 사귀고 선생님도 익숙해지면서 환하게 손 흔들며 차량 타는 그 날이 꼭 올 테니까요!!

재료

노란 종이, 각 티슈, 음료수 뚜껑 4개, 색종이, 색연필, 연필, 풀, 가위, 칼, 글루건

이렇게 만들어요!

1) 각 티슈 상자에 풀칠해준 후 상자를 눌러 가며 노란색 종이를 붙여준다.

2) 티슈가 나오는 부분을 연필로 그어 준 후 칼로 잘라준다.

3) 색종이를 1/4로 접어 친구들과 운전기사 아저씨를 그려준다.

4) 각 티슈 상자에 풀로 붙여준다.

5) 빨간색 색종이에 동그라미 모양을 그린 후 가위로 잘라서 풀칠해준다.

6) 자동차의 라이트 위치에 붙여준다

7) stop 표시와 함께 연필로 자동차를 꾸며준 후 음료수 뚜껑에 글루건을 발라 자동차 바퀴를 표현해준다.

8) 멋진 유치원 버스 완성!!

Mom' Tip 소방차, 경찰차, 구급차 등 다양한 종류의 자동차를 만들어 보며 하는 일과 특징에 관해 이야기 나눠본다.

꼭꼭 숨어라~ 당근 알파벳놀이

"꼭꼭 숨어라 머리카락 보인다~" 노래를 부르며 아이와 함께 숨바꼭질 놀이하던 기억 다들 있으시죠? 숨겨놓았던 물건을 찾을 때나 숨어 있는 엄마를 찾을 때 아이의 기분은 설레고 두근거리며 자신이 찾았다는 것에 큰 성취감을 느낍니다. 교육과 공부도 놀이로 느끼면 재밌고 호기심이 생겨 궁금하고 또 하고 싶어집니다. 단어를 적은 당근 종이를 콩 속에 심어서 보이지 않도록 꼭꼭 숨겨주세요. 큰 종이에 한 번 더 같은 단어를 적어주고 콩 속에 심어둔 단어를 찾아 맞춰보는 숨바꼭질 단어 찾기로 영어와 친해질 기회를 만들어 주세요. 색상, 과일, 음식 종류 등 아이가 좋아하고 관심 있어 하는 단어부터 시작해 보면 좋습니다.

carrot

재료

주황색, 초록색 색지, 검은콩, 가위, 연필, 지우개, 사인펜, 풀

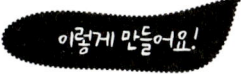 이렇게 만들어요!

1) 주황색 종이에 당근 모양으로 길쭉하게 그려준다.

2) 초록색 종이에 당근 꼭지를 그려준다.

3) 그려놓은 그림을 가로로 잘라 풀로 붙여 준다.

4) 당근 종이에 단어를 써준다.

5) 콩을 통에 담고 당근 종이를 심어준다.

6) 큰 종이에 당근 모양으로 그린 후 단어를 적어준다.

7) 콩 안에 숨겨진 단어를 하나씩 찾아서 똑같은 단어 위에 올려준다.

8) 단어를 다 찾으면 완성!!

Mom's Tip 스포츠, 요일, 숫자 등 아이가 관심 있어 하는 분야의 단어부터 시작해 보세요.

Mom & Daddy
Thank you

I Love You

**감사합니다!
종이 카네이션**

어버이날, 스승의 날에 카네이션을 선물로 하는데 많은 꽃 중 왜 카네이션을 선물로 할까요? 카네이션의 꽃말은 부모님에 대한 감사함과 사랑, 선생님에 대한 고마움과 사랑, 애정을 의미합니다. 평소 쑥스러워 말로 하지 못한 표현도 꽃을 전해주는 두 손과 얼굴에 보이는 미소를 통해 충분히 전달 됩니다. 종이로 만든 카네이션에 마음을 담아 직접 쓴 손편지로 감사의 마음을 표현해 보세요. 두고두고 부모님과 선생님의 가슴에 감사한 마음이 오랫동안 기억 될 거예요.

재료

주황색·초록·연두색 종이, 글루건, 가위, 지우개, 연필

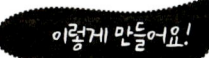 

1) 가로 15cm 세로 30cm 넓이로 종이를 잘라준다.

2) 1.5cm 간격으로 종이를 접어 부채 모양으로 만들어 준다.

3) 2번을 넓게 펴놓고 세로로 반을 접어준다.

4) 부채 접기로 다시 접어 준 후 종이의 양쪽 끝부분에 글루건이나 풀을 발라 동그랗게 붙여 준다.

5) 다른 색종이에 하트, 동그라미, 리본 모양을 그려서 가위로 잘라준다.

6) 글루건으로 리본과 동그라미를 붙여준다.

7) 앞면의 중앙에 하트를 붙여준다.

8) 꾸미기 재료를 붙이거나 색연필로 그림을 그려준다.

Mom's Tip 테이프로 종이 뒷면에 옷핀을 붙여 배지를 만들어 준다.

so cute!!

Lovely Ladybug Twins

Hide!!

동글동글 무당벌레

귀여운 모양만큼 착한 일도 잘하는 무당벌레는 풀, 채소에 달라붙어 있는 진딧물을 맛있게 먹어줘서 농부 아저씨들에게는 효자라고 불립니다. 적이 나타나면 누워서 죽은 척을 하고 다리에서 고약한 냄새와 쓴맛이 나는 노란 물을 뿜어 내며 자신을 보호합니다.
낯선 사람이 장난감이나 과자를 사준다거나 강아지가 아프니 도와달라고 했을 때 절대 따라가지 않으며 어른은 아이에게 도와달라고 하지 않는다는 것을 가르쳐 주고 자신을 지키기 위해서는 어떻게 해야 하는지 구체적인 방법을 아이와 함께 이야기 나눠 보세요.

재료

일회용 흰색 종이 접시, 눈알 2개, 모루, 빨강, 검정 물감, 팔레트, 붓, 글루건

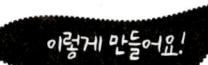 

이렇게 만들어요!

1) 종이 접시에 연필로 무당벌레의 그림을 그려준다.

2) 종이 접시의 아랫부분에 빨간색 물감으로 색칠하고 윗부분에 검은색 물감으로 색칠해 준다.

3) 접시의 중앙에 검은색 물감으로 선을 그어준다.

4) 검은색 점을 7개 칠해준다.

5) 글루건으로 무당벌레의 눈을 붙여준다.

6) 모루를 더듬이 모양으로 꼬아서 붙여준다.

7) 접시를 서늘한 곳에 말려준다.

8) 접시 무당벌레 완성!!

Mom's Tip 무당벌레 접시 두 장을 겹쳐서 끈을 어깨 길이만큼 연결해주면 무당벌레 가방을 만들어 볼 수 있다.

빙글빙글 바람개비

살랑살랑 부는 봄바람 따라 빙글빙글 돌아가는 바람개비는 아이들의 호기심을 자극하는 흥미로운 놀잇감입니다. 바람을 통해 또는 자신의 입에 공기를 불어 넣어 돌아가는 바람개비를 보는 순간 자신이 움직임을 주도 하고 변화시키는 모습을 통해 의욕적이고 진취적으로 만들기에 몰입합니다. 아이가 만든 바람개비를 화단같은 바람이 불어 돌아가는 모습을 잘 관찰할 수 있는 곳에 놓아두세요. 자신이 만든 물건들을 보며 하루하루 더 큰 아이로 성장하며 자라납니다.

재료

다양한 색상의 색종이, 빨대, 할핀, 연필, 펀치, 송곳, 가위

이렇게 만들어요!

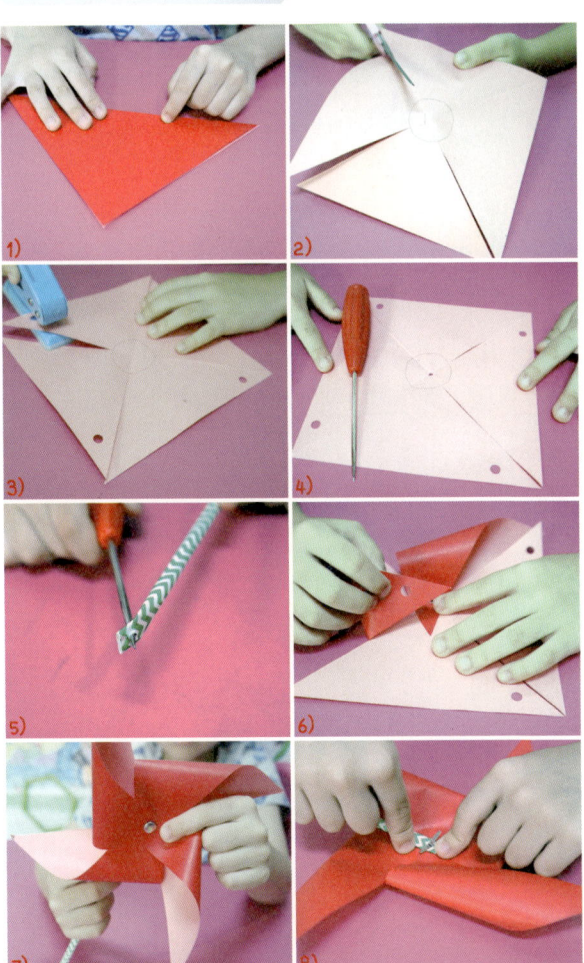

1) 색종이를 삼각형으로 접어서 눌러준다.

2) 색종이 중앙에 연필로 동그라미를 작게 그려준 후에 가위로 동그라미 그림 전까지 잘라준다.

3) 색종이의 오른쪽 아래 부분에 펀치로 구멍을 내어준다.

4) 송곳으로 색종이의 중앙을 뚫어준다.

5) 빨대의 끝부분을 눌러 송곳으로 살짝 뚫어준다.

6) 펀치로 뚫어 놓은 색종이를 중앙으로 모아준다.

7) 중앙에 할핀을 꽂아준다.

8) 빨대에 할핀으로 꽂아 고정해 주면 멋진 바람개비 완성!!

Mom's Tip 만들기 놀이 전 아이들에게 재료들의 이름과 쓰임새에 대해 알려주고 만져보며 재료와 친해질 시간을 가지고, 송곳 처럼 뾰족한 물건은 사용 시 주의사항을 알려준다.

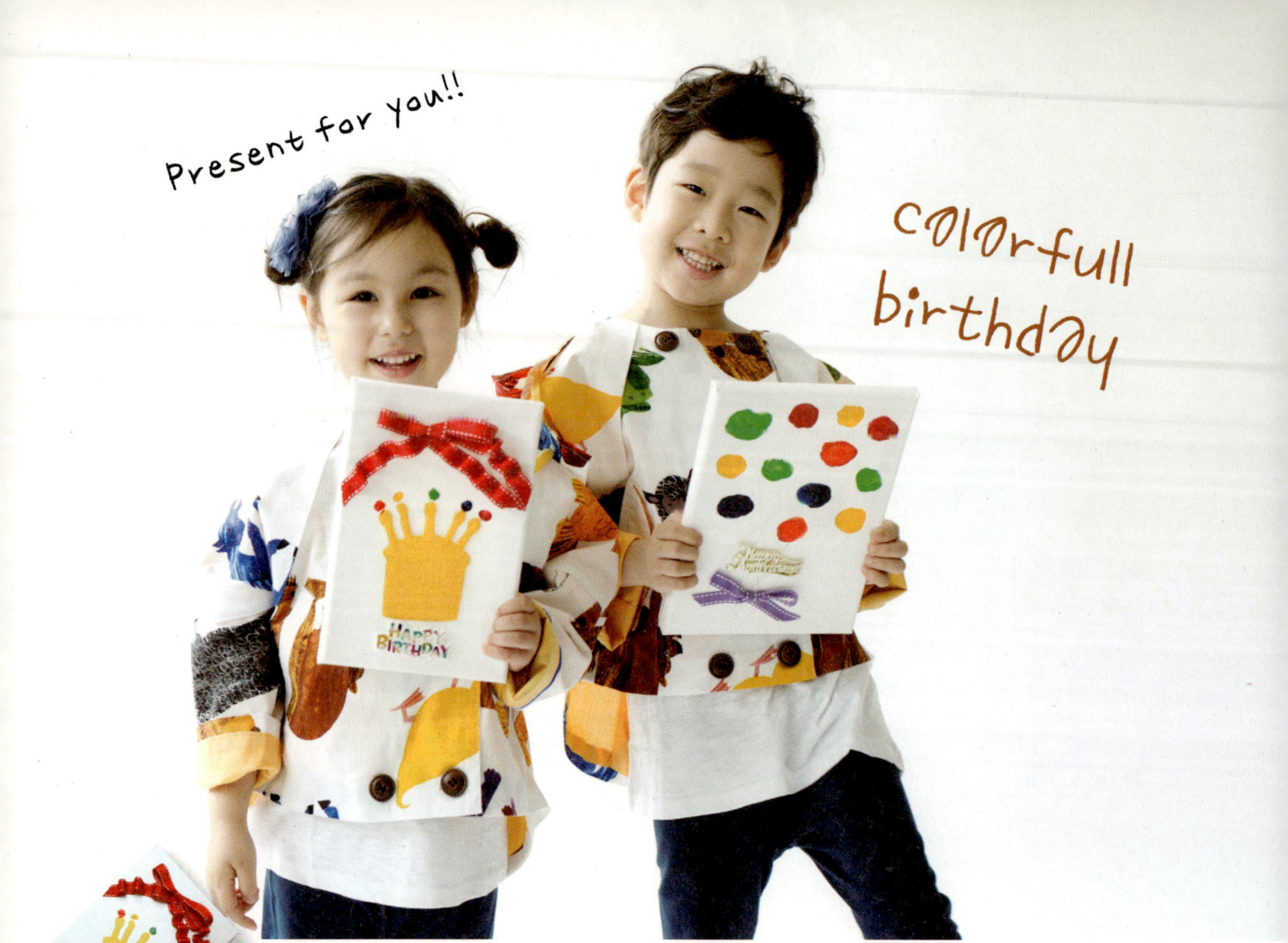

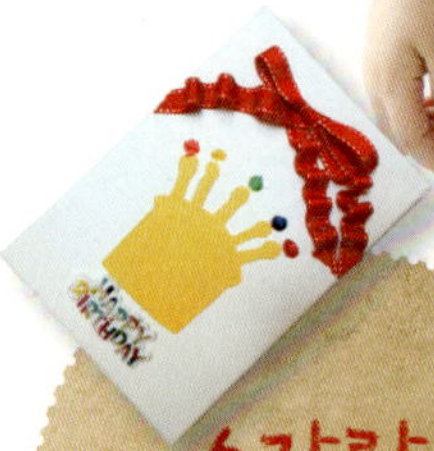

Present for you!!

colorfull birthday

손가락으로 꾹꾹 생일액자

케이크 모양으로 부직포를 잘라 캔버스 액자에 붙이고 손가락에 물감을 묻혀 촛불도장을 찍어주세요. 아이의 손가락 지문에 찍혀진 물감으로 매년 생일마다 한 개의 촛불을 늘여가 보는 기쁨을 느끼게 해주시고 자신이 만든 액자는 아이의 방이나 거실에 걸어두어 아이가 항상 볼 수 있도록 해주세요. 아이가 태어나서 성장하며 찍은 사진을 보여주고 기억에 남는 일들을 아이에게 이야기해주며 엄마 아빠의 가장 큰 선물이라는 점을 느끼게 해주세요.

재료

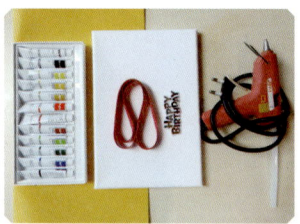

부직포, 아크릴 물감, 캔버스 보드, 포장용 끈, 글자 스티커, 글루건, 가위, 연필

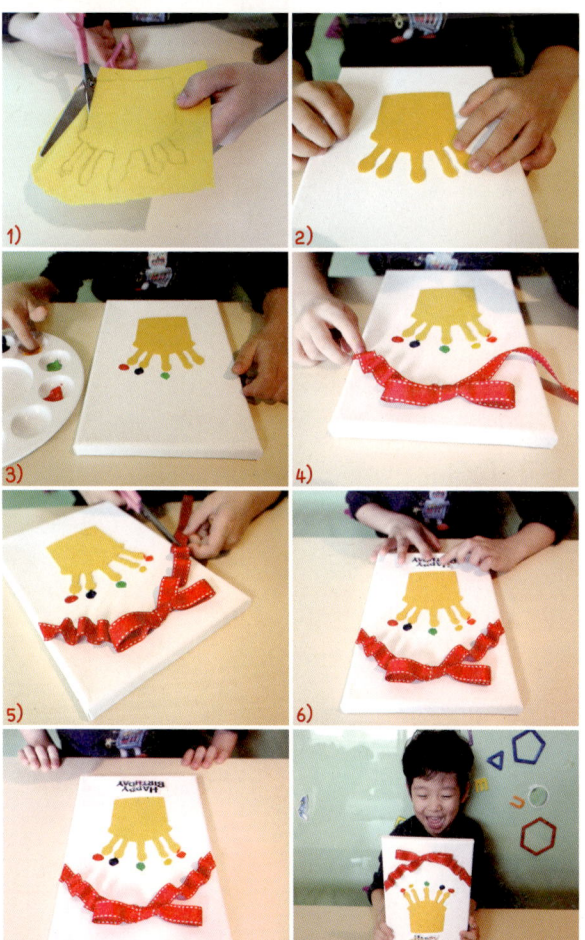

이렇게 만들어요!

1) 부직포에 자신의 나이만큼 초를 꽂은 케이크를 그려준 후 가위로 잘라준다.

2) 캔버스 보드 위에 글루건으로 붙여준다.

3) 손가락에 다양한 색상의 물감을 묻혀 살짝 찍어준다.

4) 끈으로 예쁘게 리본을 묶어준다.

5) 캔버스 보드 위에 글루건을 발라 리본을 붙여주고 남는 끈은 가위로 잘라준다.

6) 해피벌스데이 글자를 써주거나 글자 스티커를 붙여준다.

7) 잘 마를 수 있도록 건조해 준다.

8) 생일 액자 만들기 완성!!

Mom's Tip 매년 아이 생일이 되면 사진을 찍어서 일 년 동안 몸도 마음도 얼마나 컸는지 이야기 나눠보며 아이의 생일을 축하해 준다.

Oh! my flower
히아신스꽃

꽃은 누구에게나 행복과 감사의 마음을 전해줍니다. 그래서 특별하고 소중한 날 축하의 마음을 전하기 위해서 많이 선물합니다. 하루하루가 비슷한 일상적이고 평범한 날들이지만 다시 오지 않는 이 날 또한 내 아이에게 특별한 날입니다. 자신을 소중히 아끼고 사랑하며 자긍심을 가지고 스스로에게 꽃 한 송이 선물 할 줄 알고 도움이 필요한 사람에게는 먼저 손 내밀 줄 아는 아이로 자랐으면 합니다.

재료

다양한 색상의 종이, 가위, 풀, 연필

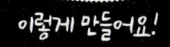

1) 가로 30cm 세로 8cm 정도로 자른 후 꽃잎이 될 부분을 1cm 간격으로 잘라준다.

2) 연필을 이용해서 하나씩 돌돌 말아준다.

3) 세로 30cm 가로 5cm 정도로 자른 후 꽃의 줄기 부분을 풀칠해서 접어준다.

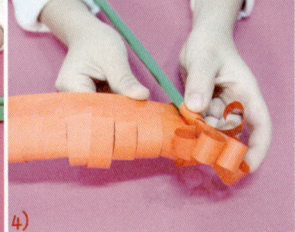

4) 꽃잎의 바깥쪽에 전체적으로 풀칠을 한 후 줄기에 붙여주고 꽃잎을 단단하게 잡으면서 점점 아래로 내려간다.

5) 마지막에 풀을 조금 더 붙여 꽃잎을 고정해 준다.

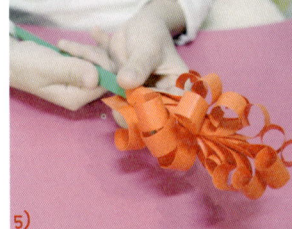

6) 잎사귀 부분을 연필로 그려서 오려준다.

7) 잘라놓은 잎사귀를 풀로 붙여준 후 옆으로 살짝 펼쳐준다.

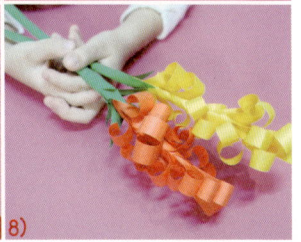

8) 다양한 색상으로 꽃을 만들어 주면 완성!!

Mom's Tip 꽃이 피는 계절 봄이 되면 아이와 함께 꽃구경도 같이 가고 꽃 그림 그리기, 꽃목걸이 만들기를 해보며 계절에 감사함을 느껴본다.

HAPPY Birthday TO YOU

생일축하해 촛불 왕관

자신이 태어난 특별한 날, 자기가 태어난 횟수만큼 케이크에 꽂힌 촛불을 후~ 불어 보며 어떤 소원을 비는 걸까요? 한해 한해 자라며 갖고 싶고 바라는 소원은 달라질지 몰라도 엄마 눈에는 멋진 왕자님과 공주님으로 영원히 자리 잡고 있습니다. 자신이 그린 촛불을 머리에 띠를 둘러 왕관으로 쓰고 생일 하루만큼은 세상에서 가장 행복한 아이로 하루를 보내면 좋겠습니다.

Party

재료

흰 종이, 색연필, 가위, 풀, 연필

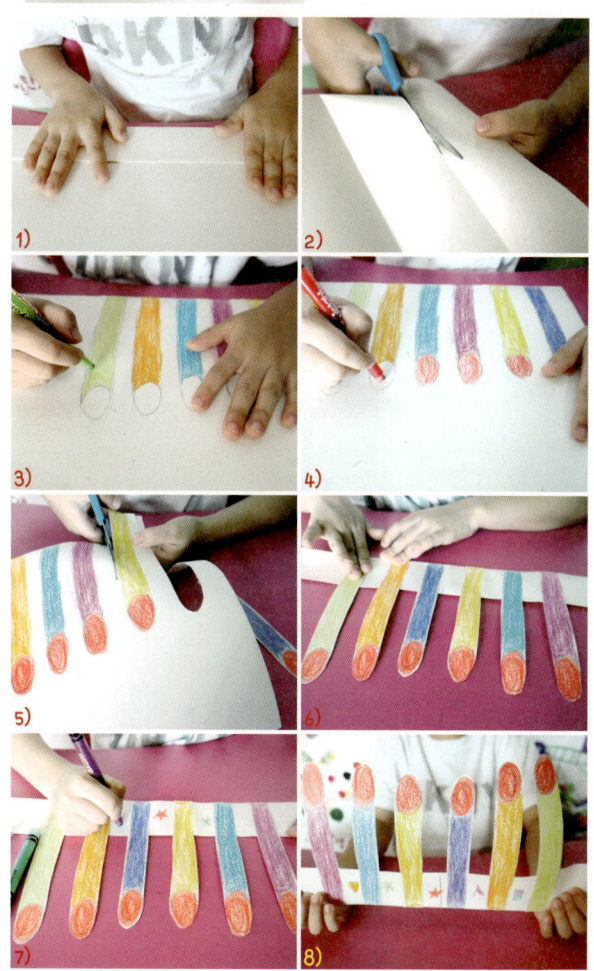

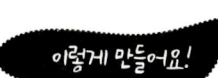 

1) 흰 종이를 5cm 넓이로 2장 접어준다.

2) 가위로 자른 후 풀을 붙여 2장을 가로로 길게 연결해 준다.

3) 종이에 초 모양을 그려주고 자신이 좋아하는 색상으로 초를 색칠해 준다.

4) 빨간색 색연필로 촛불을 색칠해 준다.

5) 가위로 그려놓은 촛불을 잘라준다.

6) 풀로 길게 연결해 놓은 종이에 붙여준다.

7) 아이가 좋아하는 모양으로 꾸며준다.

8) 아이 머리 크기에 맞게 연결해 주면 완성!!

Mom's Tip 휴지심 또는 일회용 종이 접시로도 왕관을 만들 수 있다.

Do you like watermelon?

summer 여름
크래프트

시원 시원
수박 부채
오렌지 부채

햇볕이 쨍쨍 내리쬐는 더운 여름에는 시원한 과일을 먹으며 과일 부채를 만들어 보세요. 아이가 좋아하는 과일은 무엇이 있는지, 계절별 과일에 대해서 이야기 나눠 보고 씨가 있는 과일, 씨가 안쪽 또는 겉면에 있는 과일 등 과일의 외형과 모양, 나라별 과일 종류를 알아보고 부채도 만들며 아이와 함께 시원한 과일 나라로 여행을 떠나 보세요.

 **재료**
감자 1개, 물감, 1회용 플라스틱 숟가락, 붓, 가위, 풀, 글루건, 흰 종이, 두꺼운 종이

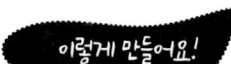 

 **수박 부채**

1) 감자를 반으로 자르고 포크를 끼워 감자 단면에 빨간색 물감을 발라 흰 종이에 도장처럼 여러 개 찍어준다.

2) 초록색 물감으로 수박의 겉면을 그려준다. 검은색 물감으로 수박씨를 표현해 준 후에 말려준다.

3) 두꺼운 종이를 잘라 수박 그림이 중앙에 오도록 붙여주고 테두리를 잘라준다.

4) 플라스틱 숟가락에 글루건을 양쪽으로 발라준 후 겹쳐서 붙여준다.

 **오렌지 부채**

1) 감자의 반을 잘라 오렌지 모양으로 칼집을 내어준다.

2) 주황색 물감을 묻혀 3~4초 꾹 눌러서 도장을 찍어준 후 말려준다.

3) 두꺼운 종이를 잘라 오렌지 그림이 중앙에 오도록 풀로 붙여주고 테두리는 가위로 잘라준다.

4) 글루건을 플라스틱 숟가락의 양쪽에 발라 부채의 손잡이를 만들어 준다.

Mom's Tip 시원한 과일 부채를 만들어 친구나 할아버지, 할머니께 선물해 드린다.

샤랄라 옷걸이 우산

비가 주룩주룩 내리는 비 오는 날은 비옷 입고 우산 쓰고 장화 신고 빗물이 고여 웅덩이진 곳에 첨벙첨벙하며 물장난하기 좋아하는 우리 아이들의 신나는 놀이시간이 됩니다. 비 올 때마다 밖에 나가서 노는 것이 쉽지 않기에 집에 있는 재활용품으로 우산을 만들어 놀이 추억을 쌓으며 실내에서도 아이들의 상상의 나래를 펼쳐주세요!!

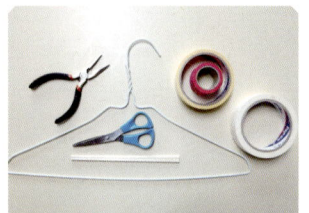

재료

옷걸이 1개, 가위, 나무 젓가락, 양면 테이프, 마스킹 테이프, 끈, 미니롱노우즈

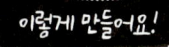 

이렇게 만들어요!

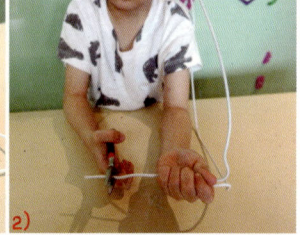
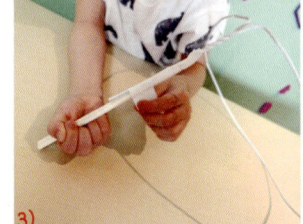

1) 옷걸이를 양손을 이용해 넓게 펴서 동그랗게 만들어 준다.

2) 옷걸이 걸어 놓는 부분을 미니롱노우즈를 이용해서 길게 펴준다.

3) 나무젓가락을 대고 마스킹 테이프로 감아준다.

4) 싸이즈가 맞는지 머리에 한 번 써본다.

5) 리본의 길이는 90cm 또는 아이가 원하는 길이만큼 가위로 잘라준다.

6) 4번에 양면테이프를 전체적으로 붙인다.

7) 끈은 중앙을 중심으로 꾹꾹 눌러 붙이고 아이가 원하는 만큼 끈을 붙여 교차시켜준다.

8) 아이가 만든 옷걸이 우산을 들어본다. 옷걸이 우산 만들기 완성!

Mom's Tip 끈이 없다면 비닐이나 종이를 길게 잘라서 사용할 수 있고 비 오는 날을 상상하며 우산을 쓰고 상상 놀이를 해본다.

달콤 상큼 종이 아이스크림

커다란 종이에 아이스크림 모양을 그려 놓고 종류별 과일 그림을 그려 아이스크림 위에 오려 붙여준 후 "달콤, 상큼, 시원 아이스바"처럼 자신만의 아이스크림의 이름을 지어 주거나, 또는 집에 있는 휴지심과 달걀 상자로 종이 아이스크림을 같이 만들어주세요. 매일 매일 먹을 수 없는 아이스크림이지만 재활용품으로 손쉽고 재밌게 만들어 놀 수 있어서 아이들이 무척 좋아한답니다.

재료

가위, 글루건, 휴지심, 색연필, 달걀 상자, 물감, 붓, 폼폼이

이렇게 만들어요!

1) 가위로 휴지심을 비스듬히 자른다.

2) 갈색 색연필로 길게 줄을 그어준다.

3) 아이스크림콘을 고깔 모양으로 만 뒤 글루건을 발라 고정해 준다.

4) 달걀 상자를 자른 후 윗부분을 정리해 준다.

5) 달걀 상자를 자신이 좋아하는 색상으로 색칠해 준 뒤 건조해 준다.

6) 달걀 상자를 하나씩 층층이 쌓아 준다.

7) 글루건을 발라 아이스크림콘으로 고정해 준 후 폼폼이로 장식해 준다.

8) 종이 아이스크림 완성!!

Mom's Tip 휴지심으로 아이스크림콘을 만든 뒤 키친타올이나 종이 한 장을 구겨 동그랗게 만든 후 폼폼이로 아이스크림을 꾸며보자.

룰루랄라 종이컵 물고기 낚시

바닷속 푸른빛 물속에는 누가 누가 살고 있을까요? 출렁출렁 파도는 누가 만든 걸까요? 바다를 보며 아이는 궁금한 것이 많을수록 호기심 가득한 질문도 많아집니다. 지느러미를 펄럭거리며 헤엄치는 가오리, 이빨이 뾰족뾰족한 상어, 주황색 흰색 줄무늬가 예쁜 광대물고기 흰동가리 등 아이들에게 상상의 세계와 재미를 안겨줄 다양한 바닷속 동물 친구들을 만나러 떠나볼까요?

재료

다양한 종류의 종이컵, 철사, 마스킹 테이프, 사인펜, 끈, 긴 스틱, 모루, 풀, 색종이, 눈알 여러 개, 미니롱노우즈, 가위, 글루건, 폼폼이

이렇게 만들어요!

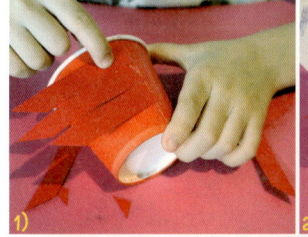
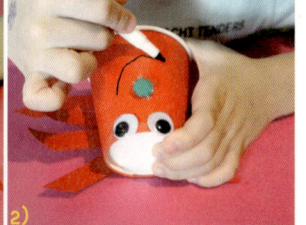

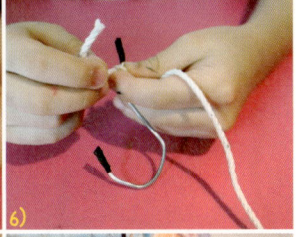

1) 색종이를 길게 자른 후 한쪽을 뾰족하게 잘라 종이컵에 붙여 게의 다리를 표현해 준다.

2) 종이컵에 눈과 폼폼이 코를 붙여주고 사인펜으로 입을 그려준다.

3) 모루를 잘라 글루건으로 붙여 고리를 만들어 준다.

4) 종이컵을 안쪽으로 접어 준다.

5) 파란색 색종이를 잘라 꼬리를 표현해 주고 눈을 붙이고 몸을 그려서 물고기를 만들어 준다.

6) 철사로 낚시걸이를 만든 후 양쪽에 마스킹 테이프를 붙이고 끈을 묶어준다.

7) 긴 스틱에 끈을 묶어 풀리지 않도록 고정해 준다.

8) 낚시 놀이 완성!!

Mom's Tip 상어, 돌고래, 가오리 등등 다양한 종류의 바닷속 동물 친구들을 만들어서 누가 빨리 낚시질을 잘하는지 대결해 본다.

오늘은 내가 의사! 병원놀이

엄마 손잡고 가본 병원은 아이들 울음소리와 나의 허락도 없이 뾰족한 주사를 맞아야 하는 무서운 곳으로 기억하고 있죠? 그렇다면 의사 선생님과 환자가 되어서 왜 주사를 맞아야 하며 아프지 않기 위해서는 어떻게 대처해야 하는지 역할 놀이를 하며 엄마랑 이야기도 나눠 보고 청진기, 주사기, 체온계 등 병원에서 주로 쓰는 용품을 직접 만들어 놀이를 해보면 다음에 병원에 갈 때는 좀 더 씩씩하게 앞장서 가는 모습을 볼 수 있을 거예요.

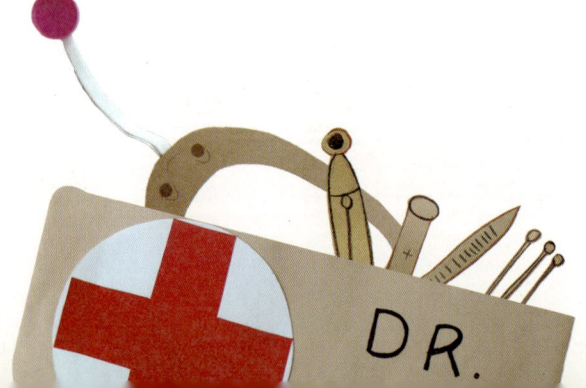

재료

갈색 두꺼운 종이, 1호 봉투, 빨간색 색종이, 벨크로 테이프, 글루건, 끈, 검정 음료수 뚜껑, 사인펜, 색연필, 연필, 지우개, 가위, 흰색 종이, 컴퍼스

이렇게 만들어요!

1) 봉투를 반으로 접어 벨크로 테이프를 붙여준다.

2) 컴퍼스로 동그라미 모양을 그린 뒤 가위로 잘라준다.

3) 색종이를 접어 "+" 모양으로 그린 뒤 가위로 오려낸다.

4) 잘라놓은 하얀 동그라미에 붙여 병원 표식을 만든다.

5) 봉투 겉면에 색종이로 만든 병원 표식을 붙이고 DR. 자신의 이름을 적어준다.

6) 두꺼운 종이에 손잡이 모양으로 그려서 오려 준 후 글루건으로 봉투의 겉면에 붙여준다.

7) 두꺼운 종이에 주사와 거울, 면봉 등을 그려 가위로 잘라준다.

8) 청진기를 그린 후 가위로 자르고 음료수 뚜껑과 끈을 글루건으로 붙여준다.

9) 만들어진 모든 의료도구 뒤에 벨크로 테이프를 붙여 종이 의사 가방 안쪽에 고정한다.

10) 반으로 접어 주면 멋진 의사 가방 만들기 완성!!

Mom's Tip 아이와 함께 의사와 환자가 되어 역할놀이를 해본다. 놀이를 통해 세균이 많은 손을 깨끗이 씻고 건강한 식습관과 운동을 통해 몸을 지키는 방법을 이야기 나눠본다.

내 몸은 내가 지키자!
몸에 좋은 음식, 나쁜 음식

입을 통해 들어오는 음식은 몸속에 축적 된 후 우리 몸을 더 활기차고 튼튼하게 살찌우는 음식이 있는가 하면 뼈를 약하게 만들고 몸을 병들게 하는 음식이 있습니다.

인스턴트 음식과 달고 짠 음식의 섭취를 줄이고 다양한 색상의 컬러푸드와 식이섬유가 많은 채소, 과일, 곡류를 골고루 먹고 배변을 늘려 독소를 배출해줌으로써 평생 건강한 식습관을 가진 아이로 자랄 수 있도록 지도해 주세요.

재료

플라스틱 통 2개, 나무스틱, 마스킹 테이프(흰색, 검은색), 색연필, 사인펜, 송곳, 연필, 지우개, 눈알 4개, 털실, 글루건, 테이프, 폼폼이, 부직포 조금

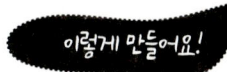

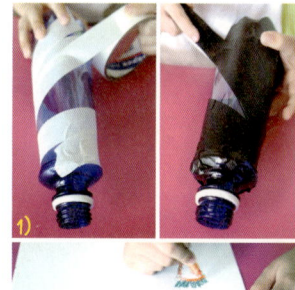
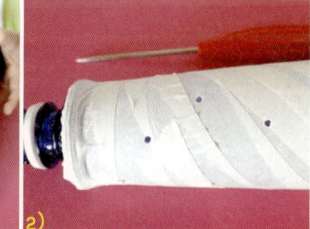

1) 플라스틱 통에 흰색, 검은색 마스킹 테이프를 각각 붙여준다.

2) 마스킹 테이프를 돌려 붙인 후 송곳으로 양쪽 세 군데씩 뚫어준다.

3) 종이에 몸에 좋은 음식과 몸에 나쁜 음식을 그리고 색칠해준다.

4) 가위로 오린 후 몸에 좋은 음식은 초록색 종이에, 몸에 나쁜 음식은 빨간색 종이에 한 번 더 붙여 준 후 오려준다.

5) 오려놓은 종이에 테이프로 나무스틱을 붙여준다.

6) 플라스틱 통 위에 털실로 머리카락을 표현해준다.

7) 눈알, 폼폼이, 부직포로 얼굴을 표현해준다.

8) 송곳으로 뚫어 놓은 곳에 나무스틱을 끼우면 완성!

Mom's Tip 머리카락, 손톱, 발톱이 자라나고, 우리 몸 속 피를 만들어 주고 눈을 밝게 해주는 우리 몸에 꼭 필요한 다양한 음식들에 대해 알아본다.

**충치 세균 물러가라!
치카치카
치과 놀이**

입안 충치세균을 물리치는 치카 시간!! 달콤한 사탕만 좋아하고 칫솔질을 싫어하는 아이라면 꼭 해볼 만한 놀이가 있습니다. 칫솔질하는 동안 아이가 좋아하는 동요를 틀어주거나 엄마와 칫솔질 대결도 해보고 양치질을 잘하면 칭찬스티커를 붙여 상도 주고 아이가 좋아하는 캐릭터의 칫솔과 컵을 직접 고를 수 있는 선택권을 주어서 치카 시간을 즐겁게 느끼도록 해주세요.

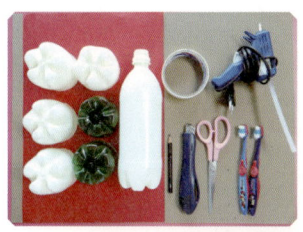

재료

플라스틱 통 6~7개, 종이 2장, 칼, 가위, 풀, 글루건, 연필, 마스킹 테이프, 다 쓴 칫솔

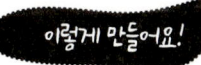 

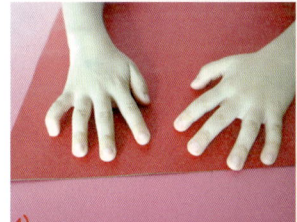
1)

2)

3) 4)

 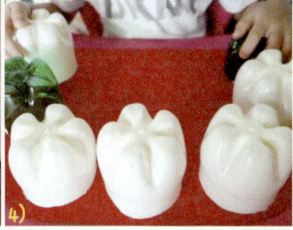
5) 6)

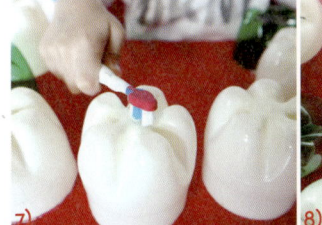 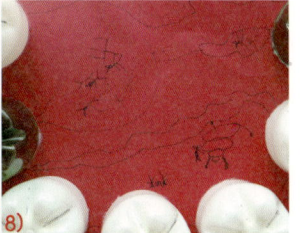
7) 8)

1) 모서리를 맞추어 종이 2장을 풀로 붙여준다.

2) 테두리를 둥글게 그린 후 가위로 잘라준다.

3) 칼을 이용해서 플라스틱 통의 아랫부분을 잘라준다.

4) 초록색 통을 썩은 이빨이라 생각하고 이빨들을 고정해 놓을 위치를 정리해준다.

5) 플라스틱 통의 아랫면을 글루건을 발라 5초간 눌러주며 고정해준다.

6) 다 쓴 칫솔에 마스킹 테이프를 붙여준다.

7) 이빨을 깨끗하게 칫솔질해준다.

8) 아이에게 펜으로 입속 세균과 썩은 이빨을 그려보도록 해준다.

Mom's Tip 플라스틱 통 위에 검은 사인펜으로 충치세균을 색칠해 보며 충치세균은 왜 생기는지 충치세균을 물리치려면 어떻게 하면 좋을지 아이와 이야기 나눠 본 후 충치에 관한 동화책이나 영상을 보면 더 쉽게 이해할 수 있다.

가족생일을 찾아보자! 자전거 카렌더

일 년은 12달이 있고 봄, 여름, 가을, 겨울 4계절이 있으며 한 달은 며칠인지 달력을 보며 세어봅니다. 월요일부터 일요일까지 7일이 모여 일주일이 된다는 것을 아이와 함께 이야기 나눠 보세요. 평일과 주말의 의미를 알아보고 아이 생일, 가족생일을 찾아 쉽게 볼 수 있도록 카렌더에 표시를 해줍니다.

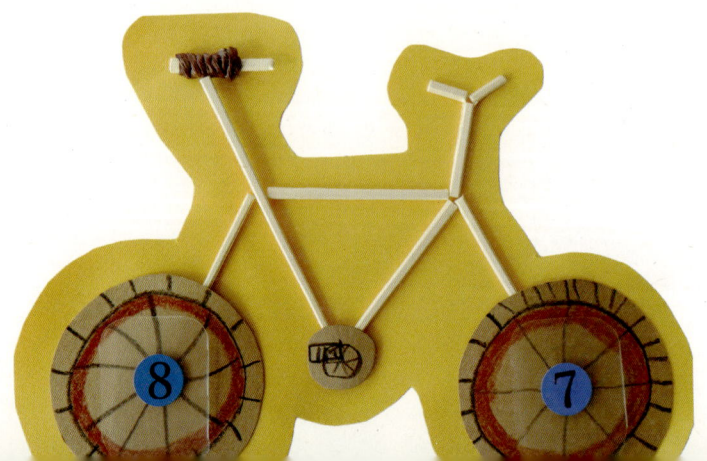

재료

머메이드 색지, 갈색 종이, 숫자 스티커, 컴퍼스, 벨크로 테이프, 나무젓가락, 색연필, 가위, 끈, 글루건, OHP 필름 또는 코팅지

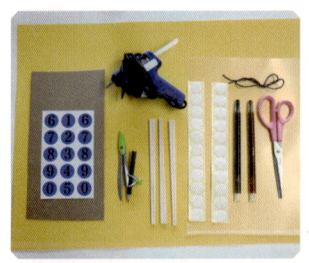

 이렇게 만들어요!

1) 나무젓가락을 칼로 2등분, 3등분, 4등분으로 나눠 준다.

2) 아이가 자유롭게 놀 수 있도록 유도해주고 조금 친숙해지면 자전거 모양의 뼈대를 만들어 본다.

3) 컴퍼스로 2개의 동그라미를 그려주고 타이어를 그리고 색칠해준다.

4) 타이어 2개를 가위로 오려주고 자전거 페달도 그려준다.

5) 코팅 종이의 모서리 부분을 둥글게 자르고 숫자 스티커를 붙여준다.

6) 종이 위에 나무젓가락으로 자전거를 꾸며주고 글루건으로 고정해 준다.

7) 제일 작은 나무젓가락에 끈을 돌돌 말아 글루건으로 의자의 앉는 부분에 고정해 준다.

8) 타이어 중앙에 벨크로 테이프를 붙여 아빠의 생일에 맞는 '월, 일'을 붙여준다.

Mom's Tip 잘라놓은 나무젓가락으로 기차, 자동차, 세모, 네모 등 다양한 도형 만들기 놀이를 해 본다.

냠냠냠 종이 샌드위치

신선한 식재료를 매일 가지고 요리 놀이를 하는 방법이 가장 좋지만, 아이들에게 친근한 음식 재료를 그림으로 그려 언제든지 아이가 원할 때 놀이를 할 수 있어서 더욱 실용적입니다. 식재료의 모양을 잘 관찰하고 특징을 파악한 후 그려봄으로써 집중력이 길러지고 샌드위치를 만들며 대화를 통해 언어능력도 향상시킬 수 있습니다. 자신이 만든 샌드위치로 엄마나 가족에게 상을 차려주는 요리사 놀이를 해보는 것도 즐거운 놀이시간을 보내는 좋은 방법입니다.

♥HAPPY LUNCH♥

재료

다양한 색상의 종이, 색연필, 사인펜, 연필, 지우개, 가위

 이렇게 만들어요!

1) 가로 13cm, 세로 17cm 정도의 크기로 종이를 잘라준다. (크기 조절 가능)

2) 연필로 양상추를 그리고 색연필로 색칠해 준다.

3) 토마토를 그려준다.

4) 치즈와 파프리카를 그려준다.

5) 브로콜리와 슬라이스 햄을 그려준다.

6) 식빵을 2장을 그려준 후 잘라준다.

7) 식빵 위에 다양한 재료들을 올려준다.

8) 우유와 함께 마실 샌드위치 완성!!

Mom's Tip 샌드위치를 만들 때 어떤 재료를 넣고 싶은지 이야기 나눠보고, 재료들을 직접 만지고 잘라서 냄새도 맡아보고 맛을 본 후 그림 그려보면 두고두고 기억에 남을 수 있다.

내가 만들꺼야! 동물 모양 비닐 크로스백

내 것 내 것을 외치며 자신이 좋아하는 장난감, 자신만의 물건을 가지고 싶은 소유욕이 생기는 시기에 투명한 가방을 만들어 공원이나 마트에 나갈 때마다 장난감을 담아서 다닐 수 있습니다. 시각적으로 금방 찾아볼 수 있고 자신의 물건을 잃어버리지 않아 일석이조로 좋은 놀이입니다.

재료

다양한 색상의 부직포, 비닐 팩, 연필, 스테이플러, 벨크로 테이프, 양면테이프, 눈알, 끈, 흰 종이, 가위, 사인펜

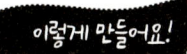  이렇게 만들어요!

1) 흰 종이에 기린을 그려준다.

2) 그려준 기린을 가위로 잘라준다.

3) 부직포에 잘라놓은 기린을 대고 따라서 그려준 후 가위로 잘라준다.

4) 아이 어깨에 끈을 대서 길이를 조절한 후 비닐 팩에 붙여줄 부분은 두 번 안으로 접어 준다.

5) 스테이플러를 이용해서 끈을 고정해 준다.

6) 벨크로 테이프를 잘라주고 비닐과 기린에 하나씩 붙여 준다.

7) 나무, 별, 나비 등 자신이 원하는 모양의 부직포를 잘라서 붙여 준 후 기린의 눈도 붙여 준다.

8) 사인펜으로 기린 몸의 무늬를 표현해 준다.

지글보글 가스레인지 만들기

지글지글, 보글보글 부엌에서 엄마는 맛있는 소리를 만들어 내는 요술사 같아요. 아이도 엄마처럼 맛있는 소리를 내는 요리 놀이를 하고 싶어 하는데 어떻게 하면 될까요? 빈 상자를 준비해서 종이를 붙이고 색종이에 불과 손잡이를 그려보며 재밌는 놀이를 해봐요. 아이가 끓여주는 된장찌개와 소금을 살살 뿌린 달걀부침은 정말 맛있을 거예요.

재료

재활용 종이 상자 2개, 갈색 종이, 색연필, 가위, 풀, 테이프, 동그라미 색종이, 네모 색종이, 플라스틱 컵들

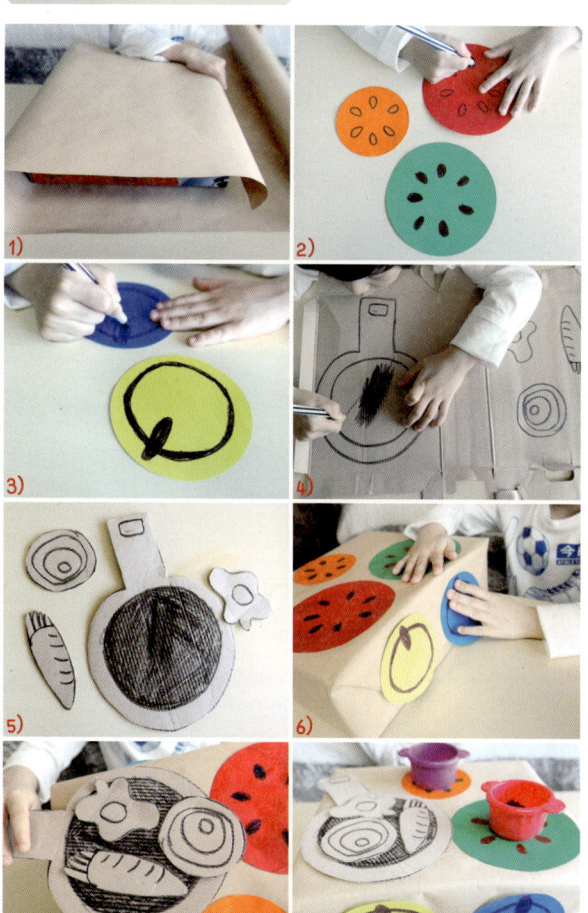

 이렇게 만들어요!

1) 갈색 종이로 가스레인지의 몸체가 될 종이 상자를 감싸준 후 테이프를 붙여 고정해 준다.

2) 동그라미 색종이에 가스레인지의 불을 색연필로 표현해준다.

3) 색종이에 가스레인지의 손잡이를 그려준다.

4) 재활용 종이 상자 안쪽에 색연필로 프라이팬, 달걀, 당근 등 여러 가지 식재료를 그려준다.

5) 그려놓은 그림을 가위로 오려준다.

6) 포장해 놓은 상자에 가스레인지 불과 손잡이를 풀로 붙여준다.

7) 프라이팬에 다양한 재료를 얹어 요리해본다.

8) 가스레인지 만들기 완성!!

Mom's Tip 재활용 상자로 세탁기, 냉장고, 전자레인지 등을 만들어 보며 집에서 사용하는 가전제품에 대해 알아본다.

찰칵찰칵 카메라

찰칵찰칵!! 아이의 가장 예쁜 모습을 담기 위해 엄마, 아빠는 사진 찍느라 분주해요. 항상 부모님이 아이를 찍어 줬다면 이번에는 반대로 아이가 엄마, 아빠의 모습을 찍어주는 건 어떨까요? 아이가 카메라로 바라보는 네모 세상에는 어떤 모습일지 무척 궁금해요.

재료

재활용 종이 상자, 피클 통, 음료수 뚜껑, 폼폼이, 블록, 리본, 모루, 송곳, 가위, 글루건, 다양한 꾸미기 재료들

이렇게 만들어요!

1) 상자에 피클 통과 음료수 뚜껑을 글루건으로 붙여 카메라 렌즈를 표현해준다.

2) 음료수 뚜껑에 모루를 돌돌 말아준다.

3) 글루건을 발라서 상자에 붙여준다.

4) 다양한 재료로 카메라를 꾸며준다.

5) 블록으로 카메라의 플래시를 표현해준다.

6) 송곳으로 상자의 양쪽 옆면을 뚫어준다.

7) 양쪽에 끈을 끼워 묶어준다.

8) 멋진 나만의 카메라 완성!!

Mom's Tip 다양한 모양의 재활용품을 모아 놓으면 아이가 만들기를 할 때 좀 더 재밌고 창의적인 활동을 할 수 있다.

울긋불긋 단풍잎 가랜드

가을이 되면 날씨가 추워져서 식물 잎의 색상이 붉게 또는 노랗게 변화하는 단풍을 볼 수 있는데요, 가을 햇살 좋은 날 아이와 함께 길을 걸으며 예쁜 단풍잎 하나씩 주워 담아보고 단풍잎에 날짜를 적고 비밀 그림이나 편지를 써서 책갈피에 꽂아 예쁘게 말려두면 아이도 엄마도 두고두고 낙엽 주우며 행복했던 그때, 그 순간을 기억할 수 있습니다.

재료

다양한 색상의 색종이, 가위, 연필, 끈, 풀

 이렇게 만들어요!

1) 색종이를 반을 접어 단풍잎의 옆면을 그려준다.

2) 그려준 그림을 가위로 잘라준다.

3) 색종이를 펴서 1cm 간격으로 접어 준다.

4) 부채 접기로 끝까지 다 접어 준다.

5) 끝까지 다 접은 후 다시 반으로 접어 준다.

6) 서로 접히는 면에 풀칠해서 붙여준다.

7) 같은 색상의 종이를 7cm 길이로 잘라 단풍잎 밑부분에 붙여준 후 끈을 끼워준다.

8) 멋진 단풍잎 완성!!

Mom's Tip 낙엽 위에 흰 종이를 덮고 연필이나, 색연필, 크레파스, 파스텔 등을 문질러서 낙엽의 잎맥을 볼 수 있고 나뭇잎의 반을 잘라 종이에 붙이고 나머지 반은 옆의 나뭇잎을 따라 그려보며 집중력과 관찰력을 키울수 있다.

주렁주렁 감나무

감나무에 주렁주렁 탐스럽게 익어가는 감은 가을을 대표하는 과일이에요. 우리 조상님들은 감을 수확할 때 다 따지 않고 까치가 먹을 수 있도록 나뭇가지에 감을 몇 개 남겨 놓았다고 합니다. 추운 겨울이 되면 먹을 것이 부족해서 배고픈 새들을 위한 배려의 마음을 이야기해 보며 도움이 필요한 사람들에게 어떤 도움을 줄 수 있는지 아이와 함께 생각해 보는 시간을 가져보면 좋겠습니다.

재료

초록색 종이, 주황색 색종이 또는 빨간색 한지, 신문지, 갈색 끈, 연필, 지우개, 가위, 글루건, 나뭇가지

이렇게 만들어요!

1) 초록색 종이에 감나무의 잎을 그린 후 가위로 오려준다.

2) 감잎의 안쪽을 가위로 살짝 잘라준다.

3) 갈색 끈을 넣고 매듭을 지어준다.

4) 색종이를 아래에 두고 구겨놓은 신문지를 안에 넣어준다.

5) 신문지가 안 보이도록 감싸준다.

6) 감잎에 글루건을 발라준 후 윗부분에 신문지가 보이지 않도록 꾹 눌러서 고정해 준다.

7) 똑같은 방법으로 감을 여러 개 만들어 준다.

8) 나뭇가지에 감을 걸어서 감나무를 꾸며 준다.

Mom's Tip 흰 종이에 100원 500원 1,000원이라고 적은 후 가위로 잘라서 감을 사고팔아 보는 시장놀이를 해보며 돈의 단위를 알아볼 수 있다.

맑고 깨끗한 청명한 가을 하늘에 자기를 잡아 보라는 듯 잠자리가 날아다닙니다. 잠자리채로 잡거나 나뭇가지 위에 살포시 앉은 잠자리를 두 손을 모아 잡아 보며 잠자리 잡기 재미에 푹 빠져 보세요. 한 손으로는 잡은 잠자리의 날개를 잡고 다른 한 손으로 잠자리와 악수도 해보고 머리, 몸통, 꼬리로 구성된 잠자리는 날개가 몇 개인지, 다리는 몇 개인지 관찰하며 그림을 그리거나 관찰일지를 적어도 좋습니다.

잡아 볼까?
종이 잠자리

재료

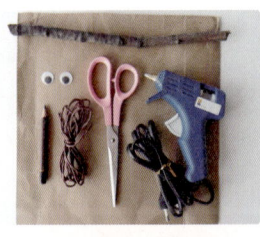

박스 종이, 나뭇가지, 눈알, 연필, 갈색 끈, 가위, 글루건

이렇게 만들어요!

1) 박스 종이에 연필로 날개를 그려준 후 가위로 잘라 준다.

2) 나뭇가지를 적당한 크기로 잘라준다.

3) 나뭇가지 위에 갈색 끈으로 돌돌 말아서 글루건으로 고정해 준다.

4) 잠자리 날개를 서로 비스듬히 겹쳐 붙여주고 글루건을 발라 나뭇가지를 붙여준다.

5) 종이 위에 글루건을 바르고 갈색 끈으로 날개를 표현해 준다.

6) 잠자리 날개 4개를 똑같은 방법으로 만들어 준다.

7) 나뭇가지 제일 앞에 눈을 붙여준다.

8) 종이 잠자리 완성!!

Mom's Tip OHP 필름 또는 코팅지로 잠자리 날개를 표현해주고 사인펜으로 알록달록하게 색칠해 주거나 색종이로 잠자리 날개를 표현해주며 여러 가지 재료로 만들 수 있는 다양성에 대해 알아본다.

참 잘했어요 칭찬 트로피

칭찬은 고래도 춤추게 한다는 말이 있듯이 칭찬은 아이의 인정 받고 싶은 욕구를 채워주며 활력과 용기를 불어넣어 줍니다. 옷을 벗어 옷걸이에 걸고 가방을 제자리에 놓았을 때, 장난감을 다 놀고 나면 스스로 정리함에 넣었을 때 등 구체적으로 격려해주고 칭찬해주면 올바른 행동을 더 많이 하게 됩니다. 스티커 붙이기, 엄마의 손글씨로 적은 바른 생활 상장 또는 아이가 좋아하는 물건을 담은 트로피를 같이 만들어 보는 것도 좋습니다.

재료

종이컵, 플라스틱 통, 리본, 글루건, 폼폼이, 가위, 별 모양 꾸미기 재료, 다양한 재료의 예쁜 초콜릿, 마시멜로

이렇게 만들어요!

1) 글루를 발라 종이컵과 플라스틱 투명 컵을 붙여준다.

2) 중앙에 리본을 예쁘게 묶어준다.

3) 신문지 또는 색종이를 작게 잘라서 통 안에 넣어준다.

4) 초콜릿을 신문지 위에 올려준다. 취향에 따라 마시멜로나 사탕 같은 것을 조금 넣어준다.

5) 플라스틱의 뚜껑을 글루로 발라 고정해준다.

6) 폼폼이를 이용해 트로피를 장식해준다.

7) 뚜껑 위에 별 모양 장식을 글루로 붙여 고정해준다.

8) 나만의 칭찬 트로피 완성!!

Mom's Tip 아이의 장점에 관해 이야기 나눠보고 결과보다는 과정을 이해하고 격려해주며 노력하는 모습에 큰 박수를 쳐준다.

데구르르 굴려 볼까? 알록달록 풍선공

입으로 후~하고 바람을 넣어서 풍선을 불 수도 있지만 베이킹소다, 밀가루, 쌀, 콩 등을 넣어 풍선을 공처럼 만든다면 손으로 느껴지는 촉감의 다양함을 느낄 수 있습니다. 아이와 함께 밀가루처럼 부드러운 것은 무엇이 있는지, 쌀, 콩처럼 딱딱한 것은 어떤 것이 있는지 같은 느낌의 사물을 말해보고 그림도 그려보며 주위 환경에 대해 좀 더 친숙하게 이해할 수 있도록 해주세요.

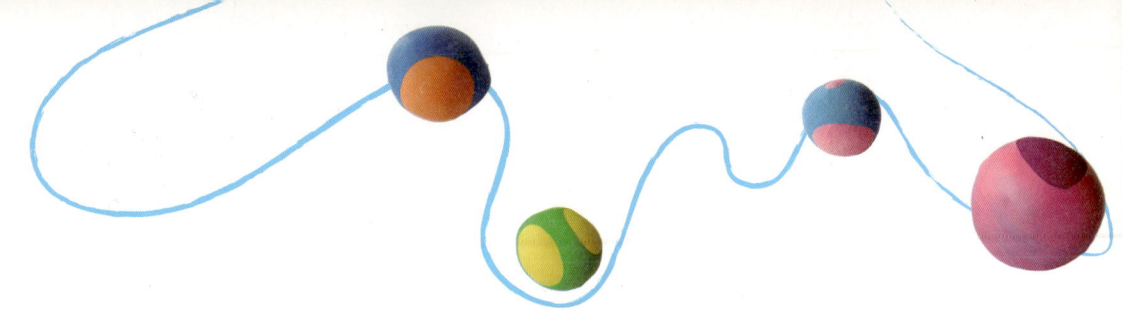

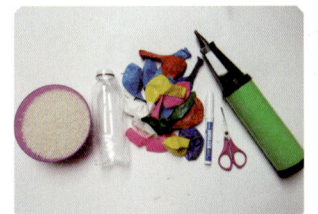

재료

쌀 한 컵, 플라스틱 통, 다양한 풍선, 투명 본드, 가위, 펌프

이렇게 만들어요!

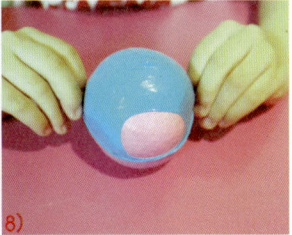

1) 플라스틱 통 안에 쌀을 담는다.

2) 펌프로 풍선을 부풀린 후 쌀이 담긴 플라스틱 통에 끼워준다.

3) 플라스틱 통의 입구를 잡고 쌀이 풍선 안으로 들어가도록 넣어준다.

4) 쌀이 풍선 안에 담기면 바람을 빼주고 풍선 입구를 가위로 잘라준다.

5) 풍선을 가위로 조금씩 잘라 모양을 내어준다.

6) 잘라놓은 풍선을 쌀이 담긴 풍선 위에 한 번 더 씌워준다.

7) 풍선이 움직이지 않도록 본드로 고정해 준다.

8) 한 번 더 풍선을 씌워서 쌀이 새어 나오지 않도록 본드를 발라준다.

Mom's Tip 아이와 다리를 벌리고 마주 보고 앉아서 공을 굴려보고 상자를 두고 뒤로 가서 공을 골인시키거나, 종이컵을 층층이 쌓아서 공을 던져 종이컵을 쓰러트리는 볼링 놀이 등 다양한 놀이방법을 즐겨본다.

우리동네 자동차 도로

우리 동네 큰 차도를 따라가다 보면 아픈 사람이 가는 병원도 있고, 불을 꺼주는 소방차가 있는 소방서도 있고, 도움이 필요하거나 도둑을 잡아주는 경찰 아저씨가 계시는 경찰서도 있고 맘껏 뛰어놀 수 있는 공원도 있어요. 큰 종이에 테이프를 붙이고 차도를 그려 우리 동네에 어떤 가게들이 있는지 무엇을 하는 곳인지 알아보며 내가 사는 곳에 대한 정보, 관심과 사랑을 알려주세요.

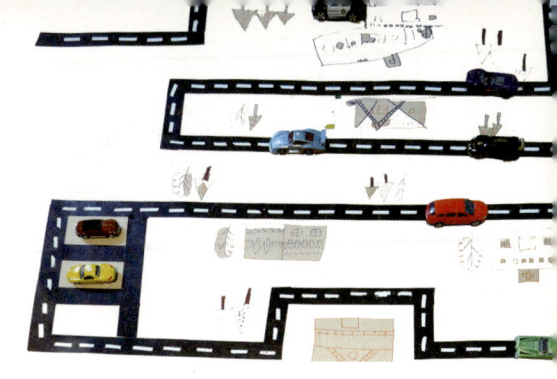

재료

갈색 크라프트지, 사인펜, 검정 마스킹 테이프, 가위, 수정 테이프, 다양한 종류의 자동차

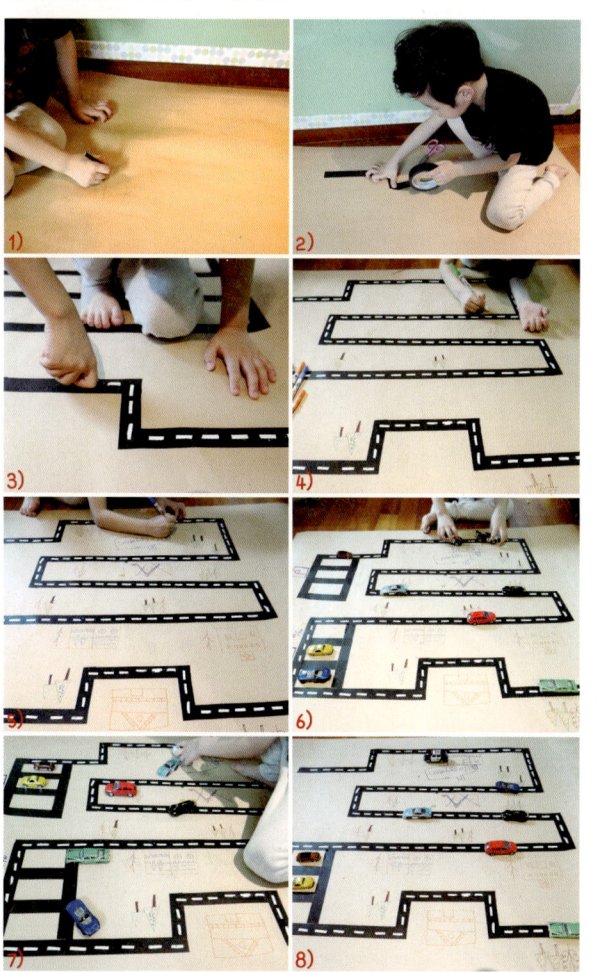

 이렇게 만들어요!

1) 바닥에 크라프트지를 깔고 연필로 도로를 그려준다.

2) 그려놓은 도로를 따라 마스킹 테이프로 붙여준다.

3) 마스킹 테이프 위에 수정 테이프로 도로의 선을 표현해 준다.

4) 사인펜으로 도로의 나무를 그려준다.

5) 우리 동네에 있는 병원, 학교, 소방서, 경찰서를 그려준다.

6) 자동차 주차장을 그려준다.

7) 도로 위에 자동차를 올려주고 자동차를 주차해 준다.

8) 자동차 도로 만들기 완성!!

Mom's Tip 집을 중심으로 도로를 따라 엄마와 자주 가는 마트, 병원, 장난감 가게, 공원 등 아이만의 지도를 그려볼 수 있도록 도와준다.

딩가딩가 종이 기타

어렸을 적 아이는 엄마가 불러주시는 자장가 소리에 잠들고 엄마가 불러주시는 노래에 엉덩이춤도 추고 손뼉 치며 엄마 목소리로 노랫소리를 귀로 듣고 음률을 느끼고 흥을 내며 마음으로 이해하는 음악을 느꼈어요. 창의성이 발달하는 유아시기에 냄비를 뒤집어 놓고 젓가락으로 박자를 맞춰보고 재활용품으로 탬버린이나 마라카스를 만들어 음악을 어려워하지 않고 평생 친구로 언제나 가까이에서 느낄 수 있도록 지도해 주세요.

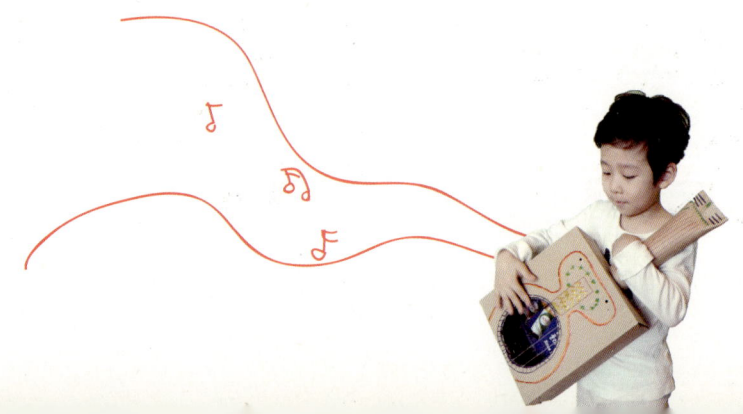

재료

빈 상자, 글루건, 고무줄, 키친타올심, 반짝이 풀, 가위, 연필, 사인펜, 칼

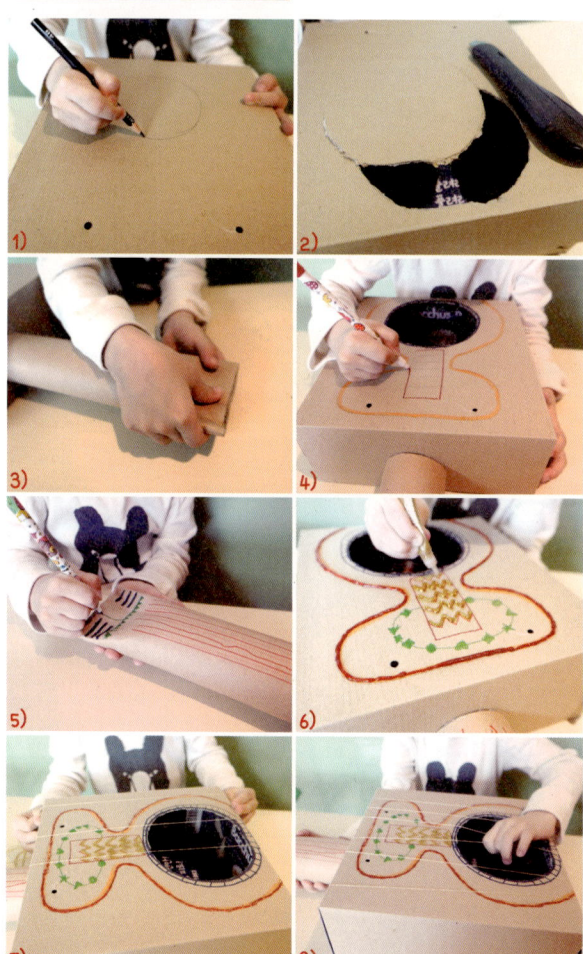

 이렇게 만들어요!

1) 상자의 아랫면에 연필로 동그라미를 그려준다.

2) 칼로 동그라미를 오려내어 준다.

3) 상자의 윗면에 글루건으로 키친타올심을 고정해 준 후 끝부분을 눌러 붙여준다.

4) 연필로 기타의 모양을 그리고 사인펜으로 꾸며준다.

5) 사인펜으로 기타 줄을 그려준다.

6) 기타의 앞부분을 반짝이 풀로 꾸며준다.

7) 기타 줄을 표현하기 위해 고무줄을 상자에 걸어준다.

8) 고무줄을 원하는 개수만큼 걸어주고 튕겨본다.

Mom's Tip 아이가 좋아하는 동요를 부르며 고무줄을 튕겨보고 두꺼운 종이에 병뚜껑을 위아래로 붙여 캐스터네츠를 만들어 보며 악기의 다양성과 음악에 흥미를 느낄 수 있도록 해준다.

오늘은 뭘 먹지?
알파벳 요일 애벌레

애벌레는 매일 매일 어떤 과일 음식을 먹으며 자랄까요? Monday-Sunday까지 요일이 적혀진 애벌레 그림을 그려준 후 7가지 과일을 그려 아이가 생각하는 요일별로 과일을 먹여주세요. 애벌레는 하루하루씩 과일을 먹고 점점 더 크고 튼튼해져서 번데기가 된 후 멋진 나비로 변신할 거예요.

재료

다양한 색상의 색지, 가위, 칼, 연필, 지우개, 풀, 사인펜

이렇게 만들어요!

1) 애벌레의 머리와 월요일~일요일까지 8개의 동그라미로 몸통을 그려준 후 가위로 잘라준다.

2) 사인펜으로 애벌레의 얼굴을 그려주고 각 요일을 알파벳으로 M-T-W-T-F-S-S 써준다.

3) 사과모양으로 자른 후 초록색 종이로 사과의 잎을 그려 붙여준다.

4) 귤, 딸기, 수박을 그린 뒤 애벌레가 들어갈 크기만큼 칼집을 내어준다.

5) 청포도, 바나나 등 아이가 좋아하는 과일 그림을 그리고 오려낸 후 칼집을 내어준다.

6) 알파벳 요일 애벌레 위에 칼집을 내어준 과일들을 먹여준다.

7) 무슨 요일에 어떤 과일을 애벌레가 먹었는지 이야기해 본다.

8) 다양한 과일들을 그려서 요일을 바꿔가며 애벌레에게 다양한 과일을 먹여주자.

Mom's Tip 다양한 과일 종류에 대해 말해보고 아이가 좋아하는 과일을 그림으로 그린 후 가위로 오리고 풀로 붙여가며 표현력을 키워준다.

Winter

겨울

크래프트

FLY!!

날아라! 로켓 백팩

꿈과 모험의 장소는 거실, 아이 방, 베란다 등등 집안 곳곳 어디서나 꿈을 펼쳐볼 수 있고 어깨에 망토를 메고 등에 로켓을 달면 저 멀리 우주로 날아갈 수 있는 무한한 에너지와 상상의 세계가 아이 앞에 펼쳐집니다. 우주에는 누가 살고 있는지, 우주에 갈 때는 어떤 물품을 준비해서 가야 하는지 아이들과 이야기해 보며 상상력을 키워주세요.

재료

빈 페트병 2개, 빨강, 노랑 부직포 1장씩, 머메이드 종이 1장(박스 종이 또는 재활용 종이), 리본끈, 연필, 칼, 가위, 글루건

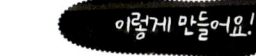
이렇게 만들어요!

1) 노란 부직포에 연필로 불 모양을 그려준다.

2) 빨간색 부직포에 노란색보다 조금 더 크게 불 모양을 그려준다.

3) 그려놓은 그림을 가위로 잘라준다.

4) 머메이드 종이에 칼집을 내어준 후 리본을 끼워 어깨 길이만큼 묶어준다.

5) 잘라놓은 노랑, 빨간색 부직포를 주름잡아서 통 안쪽에 글루건으로 붙여 고정해 준다.

6) 5번을 2개 만들어 준다.

7) 머메이드 종이에 글루건을 발라서 통을 2개 붙여 준다.

8) 등에 메어보고 끈 길이를 맞춰주면 로켓 백팩 완성!!!

Mom's Tip 아이와 함께 과학관을 견학하고 에어 로켓도 만들고 로켓원리도 알아보며 호기심과 탐구심을 유발해 준다.

반짝이 눈이 내려요! 공룡 스노우볼

추운 겨울날 하늘에서 흩날리는 눈을 보며 좋아한 적 있나요? 눈을 모아 꼬마 눈사람도 만들고 하얀 눈 위에 나뭇가지로 그림도 그려보고 두 손에 눈을 담아 녹여본 기억이 있나요? 반짝이 가루와 다양한 재료로 눈이 오지 않는 날에도 하늘에서 떨어지는 눈처럼 움직여서 눈도 손도 재밌게 만드는 스노우볼로 즐거운 겨울을 보내도록 해요. 공룡 이외에도 자신이 좋아하는 다양한 캐릭터로 재밌는 스노우볼을 만들어 볼 수 있답니다.

재료

빈 병, 글리세린, 스팽글, 반짝이 가루, 글루건, 공룡 장난감

이렇게 만들어요!

1) 글루건을 공룡 장난감의 바닥에 발라준다.

2) 빈 병의 뚜껑에 눌러서 굳혀 준다.

3) 병에 글리세린을 부어준다.

4) 반짝이 가루를 뿌려준다.

5) 스팽글을 작게 잘라서 병 속에 넣어준다.

6) 뚜껑에 붙여놓은 공룡 장난감을 병 속으로 조금씩 넣어준다.

7) 장난감이 병 속에 다 들어가면 뚜껑 안쪽에 글리세린이 새어 나오지 못하게 글루건을 발라 준 후 뚜껑을 잠가준다.

8) 반대로 뒤집어 주면 공룡 스노우볼 완성!!

Mom's Tip 아이가 만든 블록, 플라스틱 인형 등등 아끼고 좋아하는 소품을 이용해서 자신만의 스노우볼을 만들어 아이 방 또는 거실에 장식해 준다.

charming ♡

바느질 헤어 드레서 동물 미용실

아이가 좋아하는 동물 그림을 그리고 털실로 바느질해서 멋진 헤어 스타일로 꾸며 주고 어떤 모습이 될까 상상할 수 있게 궁금증을 유발해 주세요. 추운 겨울, 겨울잠을 자는 동물은 어떤 동물이 있는지 알아보고 동물이 어떨 때 기분이 좋을지 또는 나쁠지 동물의 입장에 서서 생각해 보며 상대방에 대한 배려, 존중에 대해서도 알아볼 수 있습니다.

재료

갈색종이, 가위, 털실, 사인펜, 송곳, 연필, 색연필, 지우개, 테이프, 이쑤시개

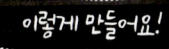 

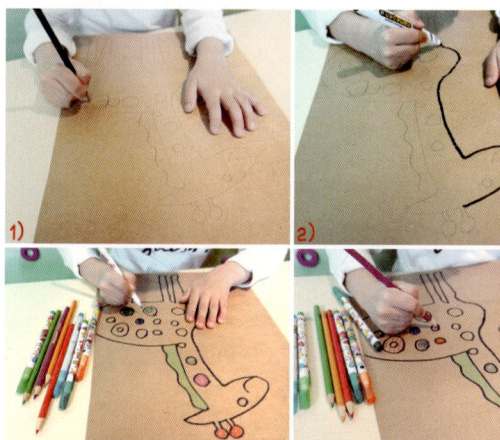

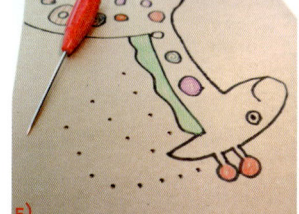

1) 종이에 자신이 원하는 그림을 그려준다.

2) 사인펜으로 한 번 더 그려준다.

3) 사인펜으로 그림을 색칠해 준다.

4) 다양한 색상의 색연필로 색칠해 준다.

5) 그림을 다 색칠한 후 자신이 생각하는 헤어 디자인으로 연필로 점을 찍은 후 송곳으로 구멍을 뚫어준다.

6) 이쑤시개 끝부분에 털실을 잡고 테이프로 고정해 준다.

7) 송곳으로 뚫어 놓은 구멍 안으로 이쑤시개 바늘을 천천히 넣어 준다.

8) 털실로 바느질한 후 뒤쪽에서 매듭을 지워주면 멋진 헤어스타일 완성!!

Mom's Tip 바느질을 해보며 소근육을 발달시켜주고 헤어드레서의 직업도 체험해보며 다양한 직업의 세계도 알아볼 수 있다.

포크로 찍어봐요!
복슬복슬 동물 얼굴

물감으로 그림을 그릴 때 사람들은 보통 붓으로 칠하지요~. 하지만 붓을 사용하지 않고도 그림을 표현하는 방법은 다양합니다. 데칼코마니 또는 물감에 실을 묻히거나, 딱딱한 당근 또는 감자로 표현할 수도 있고 포크를 물감에 묻혀 찍어보며 자유로우면서도 섬세한 감성을 느낄 수 있습니다. 다양한 도구를 사용해보며 아이들에게 다양성과 창의성을 표현하는 방법을 알려줄 수 있습니다.

재료

일회용 종이 접시, 물감, 눈알, 포크, 풀, 양면테이프, 가위, 색종이, 연필, 색지

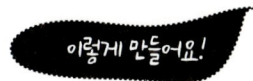 

1) 색종이에 사자의 귀, 눈, 코, 입을 그려서 오려준다.

2) 종이 접시에 물감을 짜주고 포크로 물감을 묻혀 색지에 찍어준다.

3) 사자의 털을 상상하며 여러 가지 색의 물감으로 표현해준다.

4) 물감을 묻힌 포크로 꼭꼭 눌러 사자의 얼굴 모양 안쪽을 가득 채워준다.

5) 물감이 마르면 잘라놓은 색종이로 귀, 눈, 코, 입을 풀로 붙여준다.

6) 양면테이프를 발라 눈알을 붙여준다.

7) 가위로 사자 얼굴을 잘라준다.

8) 포크로 꾸며진 멋진 사자 얼굴 완성!!

Mom's Tip 평소 "뛰지 마, 흘리지 매."라는 말로 아이의 마음이 위축되었다면 일정한 놀이시간을 정해서 마음껏 뛰고 웃고 놀 수 있게 해주며 물감을 묻힌 손, 발을 도장처럼 찍어내고 물감을 뿌리고, 떨어뜨리고, 문질러보며 아이 마음속에 스트레스를 날려준다.

내가 만들어 더 특별한 파스타 목걸이

파스타는 먹기만 하는 음식으로만 알고 있지만, 색칠하거나 모양으로 분류하고 수 배열 놀이를 해봄으로써 연속성, 논리성, 창의성, 관찰력을 키워줄 수 있습니다. 파스타의 개수를 헤아려보고, 일정한 규칙을 만들어 패턴을 정한 후 아이들과 같이 목걸이와 팔찌를 만들어 보며 놀이를 통해 수의 흥미를 돋워주세요.

재료

다양한 종류의 파스타, 끈, 가위, 빨대, 테이프

이렇게 만들어요!

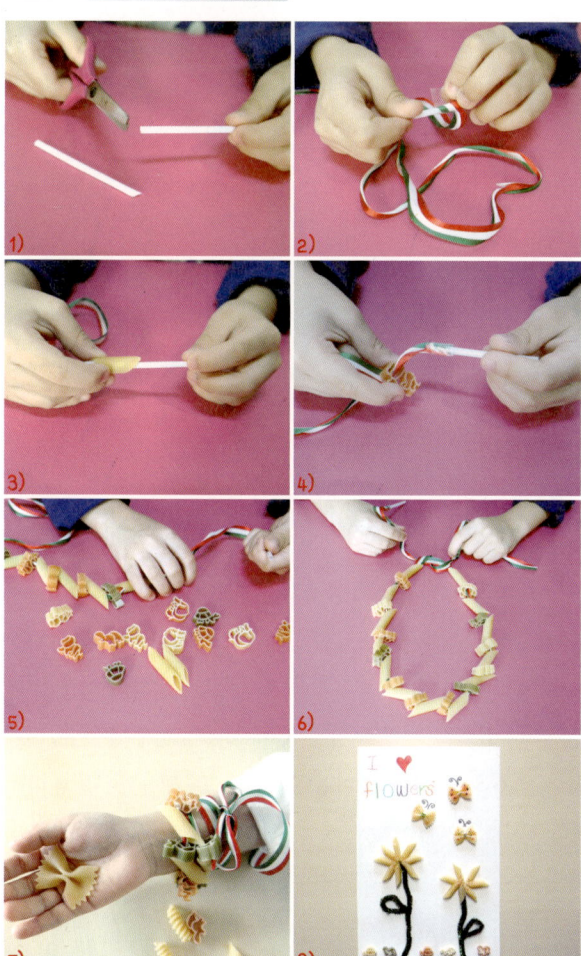

1) 가위로 빨대를 반으로 잘라준다.

2) 테이프로 빨대 끝에 끈을 붙여 고정해 준다.

3) 빨대를 이용해 파스타 한 개를 잡고 천천히 넣어준다.

4) 다른 종류의 파스타를 한 개 넣어준다.

5) 규칙을 세워 목에 걸 수 있을 만큼 길게 만들어 준다.

6) 다 완성되면 아이의 사이즈에 맞게 목에 걸어 리본을 묶어주면 완성!!

7) 줄을 짧게 해서 팔찌를 만들어 볼 수 있다.

8) 파스타로 만든 조형활동: 입체적 감각을 키울 수 있다.

Mom's Tip 물기가 없는 플라스틱 통에 파스타를 담고 흔들어 소리를 들어 보며 청각을 자극해 주고 촉감, 무게감을 느껴보고 다양한 종류의 파스타로 모양을 꾸며 이야기 놀이를 해본다.

땡그랑! 로켓 저금통

아이가 자라면서 자신이 소유하고 싶은 게 생긴다면 아이를 집안일에 참여시켜 주세요. 부모님을 도와 청소도 하고 자신의 책가방을 스스로 정리하거나 입었던 옷을 제자리에 놓는 착한 일을 하면 용돈을 받을 수 있도록 약속을 합니다. 부모님께 받은 용돈을 저금할 수 있는 저금통을 만들어 아이가 항상 볼 수 있는 곳에 놓아두세요. 자신의 노력으로 저금통에 저금하면 처음에는 작지만 조금씩 모여 많은 돈이 되고 자신이 원하는 것을 살 수도 있게 된다는 것을 알 수 있어요.

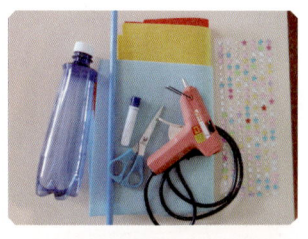

재료

빈 음료수통, 수수깡, 연필, 파란 물감, 가위, 칼, 글루건, 스티커, 하늘색·노란색·빨간색 부직포,

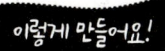 
이렇게 만들어요!

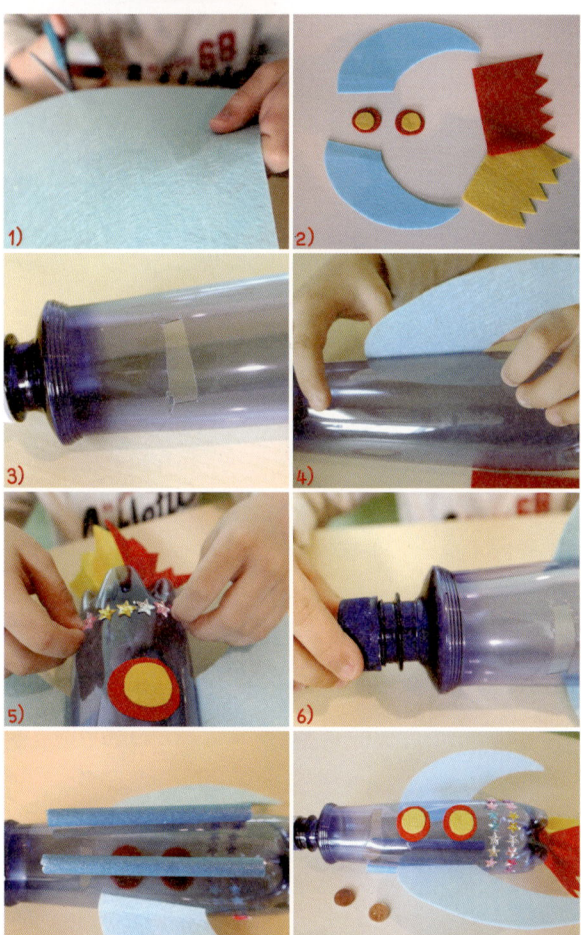

1) 부직포에 로켓 날개와 불 모양을 그려 가위로 잘라 준다.

2) 잘라놓은 부직포를 한눈에 볼 수 있도록 정리해 준다.

3) 음료수통 윗부분에 동전이 들어갈 크기만큼 칼로 잘라준다.

4) 글루건으로 날개를 붙여준다.

5) 음료수통 아래에 불 모양 부직포를 붙여주고 스티커를 붙여 꾸며준다.

6) 음료수통 뚜껑은 파란색 물감을 발라 건조 시켜 준 뒤 뚜껑을 닫아준다.

7) 음료수통이 바닥에 움직이지 않게 고정할 수 있도록 수수깡을 붙여준다.

8) 동전을 넣어주면 멋진 로켓 저금통 완성!!

Mom's Tip 플라스틱 통으로 돼지저금통, 기린저금통, 토끼저금통, 배저금통, 비행기저금통 등등 아이가 좋아하는 다양한 모양의 저금통을 만들어 보며 용돈을 저금하는 습관을 들여 준다.

삐리삐리 로봇 크레파스

자신이 좋아하는 색상의 크레파스만 쓰다 보면 곧 그 색상의 크레파스만 없어지지요. 몽땅 몽땅해서 손에 잡기 힘든 크레파스를 비슷한 색상끼리 모아서 더 멋지고 새로운 모양으로 변신시켜 봐요. 고체에서 액체로 바뀐 크레파스를 보며 아이들은 너무 신기해해요. 새로 탄생한 크레파스는 아이의 손끝에서 더 창의적이고 새로운 그림으로 그려질 꺼에요.

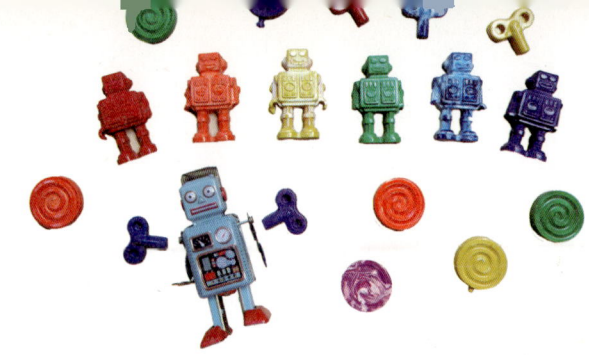

재료

쓰다가 남은 크레파스들,
종이컵, 나무젓가락, 모양틀

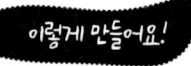 

1) 비슷한 색상별 크레파스를 모아준 후 손으로 반을 잘라준다.

2) 크레파스를 녹기 쉽도록 빵칼로 아주 작게 잘라서 준비해 준다.

3) 여러 색상의 크레파스를 같은 방법으로 작게 잘라준 후 종이컵에 두 겹 겹쳐 담아준다.

4) 오븐에 넣고 180도에서 10분 가열해준다.

5) 액체가 된 크레파스를 기포가 생기지 않도록 나무젓가락으로 살짝 저어 준다.

6) 모양틀에 천천히 부어준다.

7) 다른 색상의 크레파스를 다 붓고 나면 서늘한 그늘에서 완전히 굳혀준 후 떼어낸다.

8) 로봇 크레파스 완성!!

Mom's Tip 모든 아이는 '모두 꼬마 피카소'라는 말이 있듯이 엄마 눈에는 얼굴만 있고, 팔다리는 없지만, 다양한 그림을 보고 스스로 그리고 느끼면서 자신의 눈에 보이지 않던 사물을 인지하고 표현력이 발달하게 되므로 아이의 개성과 기질을 존중해 주는 것이 중요하다.

손가락 꾹꾹
핑거 프린트
루돌프 카드

크리스마스에는 카드를 써서 주위 사람들에게 사랑의 마음을 표현해요. 자신의 손가락 지문으로 루돌프의 얼굴을 만들어 마음을 담은 카드를 선물해 보세요. 카드와 함께 행복한 미소도 함께 전달될 거예요.

재료

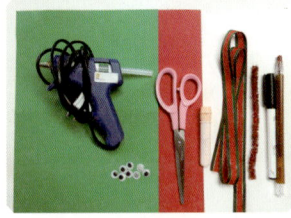

빨강·초록색 색지, 눈알, 글루건, 가위, 물감, 종이 접시, 크리스마스 끈, 빨간색 머루, 사인펜, 색연필, 연필, 지우개

 이렇게 만들어요!

1) 초록색 종이를 반으로 접은 다음 연필로 크리스마스 트리를 그리고 가위로 잘라준다.

2) 종이 접시에 물감을 짠 후 손가락을 바꿔가며 가족의 인원수만큼 물감을 찍어 준다.

3) 물감이 묻은 손가락을 트리 모양 종이 위에 찍어 준다.

4) 물감이 마를 동안 아빠, 엄마, 나, 동생 순으로 호칭을 적어준다.

5) 물감이 마르면 눈알을 붙이고 머루로 루돌프 코를 표현해 준다.

6) 사인펜으로 루돌프 사슴의 뿔을 그려주고 색연필로 나무를 색칠해준다.

7) 크리스마스트리에 리본을 묶어 붙여준다.

8) 손가락 도장으로 만든 루돌프 카드 완성!!!

Mom's Tip 손가락에 물감을 묻혀 트리를 꾸며보거나 싼타 얼굴을 꾸며본다.

네 기분은 어떠니? 기분을 말해봐

기쁘고, 슬프고, 즐겁고, 우울한 마음은 얼굴이 없지만, 기분은 자신의 마음을 여러 가지 표정으로 나타내요. 자신의 마음을 읽고 솔직해져 보세요. 친구와 다퉜을 때 왜 기분이 슬펐는지, 어떻게 하면 기분이 풀릴지 자신의 마음을 알고 이해 하다 보면 다음에 기분이 안 좋아질 때 금방 제자리로 돌아올 수 있습니다.

일회용 접시에 다양한 표정을 그린뒤 번호를 적어주고 주사위를 던져 나오는 표정에 대해 언제 그런 감정을 느꼈는지 친구는 어땠을지 입장을 바꿔서 생각해보고 엄마랑 같이 이야기 나눠 보며 진솔해지는 시간을 가졌으면 좋겠습니다.

재료

일회용 종이 접시, 갈색 단단한 종이, 할핀 소형 6개, 색연필, 연필, 사인펜, 송곳, 가위

이렇게 만들어요!

1) 갈색 종이에 눈썹, 눈, 코, 입을 연필로 그려준다.

2) 색연필로 눈썹을 색칠해주고 사인펜으로 눈과 코, 입을 그리고 색칠해준다.

3) 가위로 그려놓은 그림을 잘라준다.

4) 송곳으로 오려놓은 그림의 중심을 조심해서 뚫어준다.

5) 할핀을 넣어 준다.

6) 일회용 접시에 눈썹, 눈, 코, 입이 들어갈 위치에 송곳으로 뚫어준다.

7) 할핀을 넣어 고정해 준다.

8) 자신의 기분에 따라 얼굴이 어떻게 달라지는지 표현해 본다.

Mom's Tip 기분이 좋았을 때는 빨간색, 기분이 안 좋았을 때는 파란색 등으로 스티커 표를 만들어 붙여서 눈으로 보며 일주일 동안 왜 기분이 좋고 안 좋았는지 좀 더 자신의 감정에 대해 알아볼 수 있다.

개미야 어디가! 개미집

유치원에서 친구들과 재밌게 놀고 저녁이 되면 각자의 집으로 돌아가요. 가족들과 함께 밥도 먹고 하루 동안 친구들과 있었던 에피소드 이야기도 하고 책도 보며 잠을 자는 집에서 하루를 마무리해요. 땅속에 구멍을 내서 지내는 개미집에는 어떤 일이 벌어질까요? 먹이를 저장하는 방, 알 방, 번데기 방, 애벌레 방, 여왕개미 방 등으로 구성된 개미집에도 유치원이 있을지 궁금하네요.

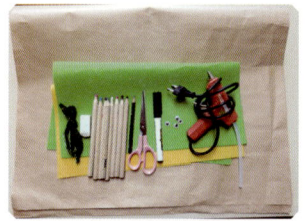

재료

갈색 2절지 종이, 노랑·초록 부직포, 초록색 모루, 연필, 지우개, 가위, 글루건, 눈알, 사인펜, 색연필

 **이렇게 만들어요!**

1) 초록색 부직포에 연필로 머리, 가슴, 배로 동그라미 3개를 그린 개미 그림을 가위로 잘라준다.

2) 초록색 개미 모양 부직포를 2개 만들어 준다.

3) 가위로 모루를 잘라 글루건을 바른 후 개미의 다리를 표현해준다.

4) 글루건으로 2장의 부직포를 붙여 준 후 눈알을 붙여 개미의 눈을 표현해준다.

5) 종이에 연필로 개미집을 그려준 후 사인펜으로 다시 그려준다.

6) 개미집에 아이가 좋아하는 여러 가지 채소 그림을 그려준다.

7) 아이가 좋아하는 과일 그림을 그려 개미에게 먹여준다.

8) 다양한 색의 부직포로 개미 친구들을 만들고 개미집을 그려주면 완성!!

Mom's Tip 아이들은 눈으로 보이는 부분만 보기 때문에 땅속, 물속, 바닷속, 하늘 위, 우주 등에 어떤 사물이 있는지 사진이나 자연관찰 책, 영상을 통해 아이들에게 시각적으로 다양한 측면에서 바라볼 수 있도록 지도해 준다.

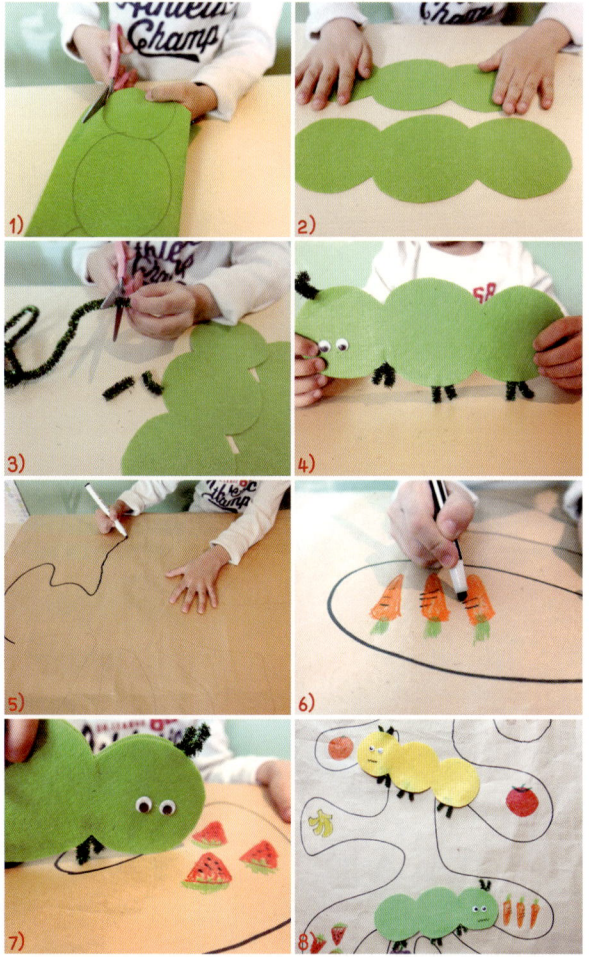

spring 봄 키즈 쿠킹

나만의 달콤한 과자집

다양한 종류의 과자로 집을 만들면 어떤 모양이 될까요? 뾰족한 세모 지붕, 달이 굴뚝 위에 걸쳐져 있고 식사시간이 되면 미끄럼틀을 타고 주방으로 내려가고 로봇과 신나게 공놀이하며 뛰어놀 수 있는 마당이 넓은 주택 등 아이가 상상하는 집에 관해 이야기를 나눠 본 다음 집안의 구성원은 누가 살고 있는지 알아보고 방은 몇 개인지 집안의 내부 구조는 어떻게 생겼는지 건축가가 되어 미래의 내가 살고 싶은 집을 그림 그려 본 후 과자로 만들어 볼 수 있습니다.

재료

케이크 시트, 딸기 7~8개, 스프링클 조금, 초코볼, 슈가파우더 1큰술, 휘핑크림 200㎖, 다양한 종류의 과자들

이렇게 만들어요!

1) 케이크 시트를 가로로 반을 잘라준다.

2) 휘핑크림을 바르고 물에 헹궈 물기를 뺀 딸기를 반을 잘라서 올려준다.

3) 시트의 윗면을 덮고 세로로 반을 잘라준다.

4) 잘라준 시트를 나란히 놓고 집 모양처럼 윗부분을 세모로 잘라준다.

5) 전체적으로 휘핑크림을 바른 후 네모로 대문을 꾸며주고 긴 모양 과자로 지붕을 꾸며준다.

6) 초코볼과 스프링클로 집을 좀 더 예쁘게 꾸며준다.

7) 체에 슈가파우더를 담고 지붕 위에 눈이 내린 것처럼 솔솔 뿌려준다.

8) 나만의 과자집 완성!!

레인보우 사과꽃 컵밥

알록달록한 색상의 식재료를 색상별로 잘게 잘라 조리한 후 밥을 넣고 무지개 색상의 재료로 층층이 컵밥을 만들어주고 슬라이스한 사과를 꽃 모양 찍기 틀로 찍어 컵밥의 중간에 예쁘게 장식해 주세요. 빨간 파프리카-당근-달걀노른자-오이-가지 등 레인보우 색상의 식재료 대신에 대체 할 수 있는 재료는 어떤 음식이 있는지 아이와 이야기 나눠보고 컵밥을 보며 층층이 들어간 음식의 그림을 순서대로 그려봅니다. 식목일날 나무가 우리에게 주는 좋은 점과 나무를 아끼는 방법 등 아이와 함께 책을 살펴보며 이야기를 나누는 시간을 가져 보세요.

재료

밥 한 공기, 사과 슬라이스 조금, 파프리카 1/4개, 당근 1/2개, 오이 1/2개, 삶은 달걀노른자 2개, 가지 1/2개, 브로콜리 조금, 참기름, 소금, 진간장 조금씩, 소고기 200g

★ 소 양념갈비: 진간장, 참기름, 배즙, 마늘, 양파, 생강, 청주 등 모든 재료를 믹서기에 갈아 절여준다.

 이렇게 만들어요!

1) 볼에 밥을 담고 소금과 참기름으로 밑간해준다.

2) 파프리카, 오이는 작게 잘라주고, 당근은 뜨거운 물로 한번 데친 후 잘라서 볶아준다.

3) 가지는 간장과 참기름을 조금 넣고 볶아준다.

4) 고기는 타지 않게 약한 불에 구워준다.

5) 가지나물을 제일 먼저 넣고 위에 밥을 올려준다.

6) 오이와 밥을 올리고 으깨놓은 삶은 노른자를 올려준다.

7) 볶아놓은 당근, 밥, 잘라놓은 파프리카를 순서대로 올리고 맛있게 구워진 갈비를 올려준다.

8) 뜨거운 물에 소금을 조금 넣어 데쳐 놓은 브로콜리를 조금 올려준다.

9) 꽃 모양 찍기 틀로 찍어준 사과와 작게 자른 당근을 이쑤시개에 꽂아 준다.

10) 사과꽃 나무를 컵 중앙에 심어주면 완성!!

즐거운 봄 소풍 개구리·꿀벌 주먹밥

아이가 교육기관에 들어간 후 처음 가는 봄 소풍은 아이 못지않게 엄마의 마음도 설렙니다. 봄 소풍에 꼭 필요한 예쁘고 사랑스러운 도시락을 준비해서 아이에게 선물해 주세요. 평소 아이가 먹지 않는 음식이 있다면 시도해보기 딱 좋은 기회입니다. 귀엽고 예쁜 모양에 마음을 뺏겨 손이 자꾸자꾸 가게 만들 테니까요. "엄마, 너무 맛있었어요!" 엄지 척 해주며 다 먹은 도시락을 들고 환하게 웃는 아이의 미소를 상상해 봅니다.

재료

★ 개구리 만들기 - 밥 1공기, 베이컨 3장, 양파 1/3개, 모짜렐라 스틱 치즈 3개, 김 1/4장, 소금, 참기름 조금씩, 시금치 5~6줄기, 흰색 슬라이스 치즈

★ 꿀벌 만들기 - 밥 1공기, 베이컨 3장, 양파 1/3개, 모짜렐라 스틱 치즈 3개, 달걀노른자 2개, 소금, 참기름, 당근 조금씩, 튀긴 스파게티면, 주황색 슬라이스 치즈

이렇게 만들어요!

개구리 만들기

1) 베이컨과 양파를 작게 다져서 팬에 살짝 볶아주고 스틱 치즈도 작게 잘라서 준비해 준다.

2) 믹서기에 물을 조금 넣고 시금치 잎만 갈아서 2~3스푼 밥에 넣고 섞어주며 소금으로 살짝 간을 해준다.

3) 잘 섞어진 시금치 밥을 손에 올려놓고 볶아놓은 양파와 베이컨 조금, 스틱 치즈 3~4개를 넣어 개구리 모양으로 성형해 준다.

4) 치즈로 개구리 눈을 표현해주고 김을 잘라 눈동자와 코와 입을 표현해주면 완성!!

꿀벌 만들기

1) 볼에 밥과 달걀노른자를 넣고 섞어준 후 볶아놓은 양파와 베이컨을 넣고 잘 섞어준다.

2) 한입 크기로 밥을 잡고 반으로 자른 스틱 치즈를 넣어준 후 동그랗게 모양을 만들어 준다.

3) 슬라이스 치즈와 김을 잘라서 꿀벌의 몸과 눈, 입을 꾸미고 식용유에 살짝 튀겨준 스파게티 면으로 더듬이를 표현해 준다.

4) 당근을 조금씩 잘라서 꿀벌의 뺨을 예쁘게 꾸며 주면 멋진 꿀벌 주먹밥 완성!!

땡땡땡 매력 만점 무당벌레 샌드위치

화려한 색상과 동그란 모양이 매력적인 무당벌레를 아이들은 무척 좋아합니다. 요리를 만들기 전 책이나 영상을 통해 무당벌레는 어디에서 무엇을 먹고사는지 보여주며 흥미를 유발해 주세요. 일차적으로 무당벌레 사진을 퍼즐처럼 잘라서 맞춰 보기도 하고 무당벌레 그림을 색칠해보면서 좀 더 친숙하게 느끼게 한 후 이차적으로 샌드위치를 만들어 보면 아이들의 머릿속에 무당벌레는 친근한 친구가 되어 있을 거예요.

재료

샌드위치 식빵 1장, 상추 2장, 슬라이스 햄 2장, 슬라이스 치즈 2장, 딸기잼 1큰술, 머스터드 소스 1큰술, 슬라이스한 토마토, 블루베리 조금, 올리브 1개, 검은깨 조금

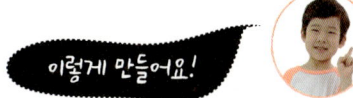

1) 치즈를 약통 뚜껑으로 찍어서 검은깨로 눈을 표현해 준다.

2) 올리브에 이쑤시개로 구멍을 뚫어 깻잎의 꼭지를 넣어서 더듬이를 표현해준다.

3) 식빵에 딸기잼을 펴 발라 준다.

4) 슬라이스 햄을 올려준다.

5) 상추와 치즈를 올려준다.

6) 머스터드소스를 한 숟가락 떠서 중앙에 올려준다.

7) 얇게 자른 토마토를 올리고 올리브로 만든 무당벌레의 머리를 올려준다.

8) 토마토 위에 블루베리를 올려서 예쁘게 장식해주면 완성!!

spin a pinwheel ☆

후~ 불어보자 식빵 바람개비

요리 놀이를 하기 전 가장 중요한 것은 식재료 탐색 시간을 아이와 가져 보는 것입니다. 밀가루보다는 쌀로 만든 식빵을 준비해서 아이에게 한 장씩 주고 냄새도 맡아보고 조금씩 뜯어서 맛은 어떤지, 어디서 보았는지 이야기 나눠 본 다음 중앙에 구멍을 뚫어 손가락을 끼운 후 돌려 보며 식빵과 친해지게 해주세요. 고사리손으로 밀대를 밀어 납작해지도록 힘을 주며 식빵을 눌러주는 손이 너무 귀여워 보입니다. 자 그럼 색종이처럼 네모난 식빵의 테두리를 잘라 낸 다음 후~ 불면 돌아가는 바람개비 모양으로 멋지게 만들어 볼까요?

재료

샌드위치 식빵, 딸기잼, 크림치즈, 긴 스틱 과자, 딸기젤리

이렇게 만들어요!

1) 식빵을 도마 위에 얹어놓고 밀대로 밀어준다.

2) 식빵의 테두리를 잘라 준다.

3) 식빵의 모서리에서 안쪽으로 살짝 칼집을 내어준다.

4) 식빵의 중앙에 딸기잼을 발라준다.

5) 식빵의 모서리를 딸기잼을 발라놓은 중앙에 꾹 눌러 준다.

6) 크림치즈를 한스푼 떠서 중앙에 올려준다.

7) 딸기젤리를 올려준다.

8) 긴 스틱 과자를 꽂아주면 식빵 바람개비 완성!!!

입안 가득 알사탕 주먹밥

사탕 하면 눈이 반짝반짝하며 먹고 싶어 하는 친구들 참 많죠? 밥도 사탕처럼 아주 달콤하고 맛있게 잘 먹을 수 있는 방법은 없을까요? 집에서 먹는 밥이 지루하고 맛이 없다면 밥을 먹는 장소를 바꿔보면 좋습니다. 가끔은 예쁜 포장지에 사탕 모양으로 밥을 싸서 집 앞 놀이터나 공원으로 소풍 나가보면 어떨까요? 나풀나풀 날아다니는 나비를 보며 기분 전환도 되고 야외에서 먹는 달콤하고 꿀맛 같은 밥맛을 입안 가득 느낄 수 있습니다.

재료

밥 한 공기, 호박 1/3개, 당근 1/2개, 양파 1/4개, 햄 50g, 소금

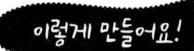 

1) 양파를 작게 잘라준다.

2) 호박을 작게 잘라준다.

3) 당근은 뜨거운 물에 한 번 데쳐서 작게 잘라준다.

4) 햄은 뜨거운 물에 한 번 데쳐서 기름기를 뺀 후 잘라준다.

5) 당근을 먼저 볶다가 양파, 호박을 넣고 익으면 소금을 살짝 뿌려준다.

6) 뜨거운 물에 데친 햄을 넣고 한 번 더 볶아준다.

7) 볼에 밥과 6의 재료를 담고 숟가락으로 비벼준 뒤 식혀준다.

8) 아이스크림 스푼으로 한스쿱 떠서 포장지에 싸주면 완성!!

봄봄봄~ 봄이 왔어요~ 화전

겨울이 지나 따스한 햇살 가득한 봄이 되면 가장 먼저 우리 눈과 마음을 설레고 즐겁게 해주며 행복한 날, 기쁜 날, 축하할 일이 있는 날 우리는 꽃을 선물 하거나 선물로 받기도 합니다. 계절별로 피는 꽃의 종류를 알아보며 직접 꽃과 나무를 만져보고 꽃향기를 맡아 보며 생태 교육을 해볼 수 있습니다. 꽃은 자연이 우리에게 주는 선물이라 생각하며 감사함을 느끼고 생명을 존중하는 마음을 가져 보면 좋겠습니다. 눈으로 예쁜 꽃을 보고 코로 향기도 맡아 보았다면 이제는 화전을 만들어 맛있게 먹어볼까요? 아무리 예뻐도 길가에 핀 꽃들은 식용 꽃이 아니므로 먹을 수 없답니다!!

재료

식용꽃 한 접시, 찹쌀가루 한 컵(200㎖ 컵 기준), 뜨거운 물 6큰술, 식용유, 소금, 꿀 적당량씩

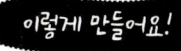 

1) 볼에 찹쌀가루를 넣고 뜨거운 물을 부어 준다.

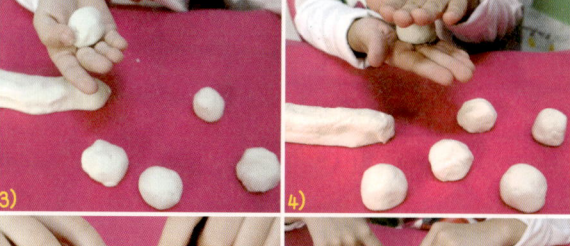

2) 소금을 조금 뿌려 반죽을 섞어 준다.

3) 익반죽한 반죽을 길게 늘이고 조금씩 떼어내어 준다.

4) 두 손바닥을 펴서 동글동글하게 빚어준다.

5) 납작하게 만든 반죽 위에 손가락으로 물을 조금 묻혀 준 후 식용 꽃이 움직이지 않도록 살짝 눌러준다.

6) 마음에 드는 식용꽃으로 두 송이씩 올려준다.

7) 식용유를 두른 팬에 찹쌀 반죽을 올려놓고 약한 불에 구워준다.

8) 다 익은 화전에 붓으로 꿀을 발라주면 완성!!

summer

여름 키즈 쿠킹

초코볼이 콕콕 롤리팝 쿠키

알록달록하게 콕콕 박힌 초콜릿을 보면 마음이 경쾌해 지고 신나는 기분을 느낄 수 있습니다. 아이가 짜증을 내거나 자기 마음대로 되지 않아서 심술을 부릴 때 아이와 함께 롤리팝 쿠키를 만들어 보세요~ 부드러운 밀가루를 만지고 손으로 조물조물 반죽을 해보며 스트레스가 풀려 금방 기분이 달라질거에요! 수리수리 마수리 착해져라 얍!!

재료

다양한 색상의 초코볼, 초코펜, 나무스틱, 리본 끈, 스탬프 패드, 알파벳 스탬프

★ 코코아 반죽 : 박력분 180g, 버터 80g, 설탕 80g, 베이킹파우더 2g, 코코아 파우더 20g, 달걀 1개, 바닐라 에센스 1/2 작은술, 소금 1g

이렇게 만들어요!

1) 냉장고에서 30분간 숙성시켜준 반죽을 빵칼로 조금씩 자른다.

2) 35g씩 소분해준다.

3) 손바닥을 이용해서 공 모양처럼 둥글게 만들어 준다.

4) 쿠키 반죽을 넓게 펴준다.

5) 쿠키 반죽을 도마 위에 놓고 초코볼로 장식해 준다.

6) 나무스틱을 꽂아준다.

7) 예열해준 오븐에 175도 15분 쿠키를 구워서 식혀준 다음 알파벳 스탬프로 나무스틱에 LOLLIPOP이라고 찍어준다.

8) 맛있는 롤리팝 완성!!

Mom's Tip 나무스틱에 알파벳 스탬프로 아이 이름이나 친구 이니셜을 찍어서 선물해 보자.

롤리롤리 롤리팝 절편떡

쌀가루를 물에 불린 후 갈아서 찜기에 쪄놓은 떡에 단호박 가루, 쑥 가루, 비트 가루 등으로 천연가루를 넣어 색을 내어 준 다음 떡살과 손으로 다양한 모양의 절편을 만들 수 있습니다. 롤리팝 떡은 사탕 모양으로 생겨 막대 사탕 떡이라고도 합니다. 쌀로 만들어 아이들 간식으로도 좋고 모양이 예쁘고 만들기도 쉬워서 아이들에게 인기가 많으며 참기름, 시럽, 또는 꿀을 살짝 발라서 고소하고 달콤하게 먹는 재미가 있습니다.

재료

멥쌀가루 5컵(200㎖ 기준), 뜨거운 물 12큰술, 설탕 6큰술, 소금 조금, 녹차 가루, 단호박 가루, 비트 가루 조금씩, 참기름, 스프링클 조금씩

★ 절편 반죽 만들기 : 멥쌀가루, 소금을 체에 한 번 쳐주고 뜨거운 물을 부어가며 치대다가 설탕을 넣고 한 번 더 체에 쳐준 후 찜기에 반죽을 넓게 펴준 뒤 약 20분간 쪄낸다. 볼에 천연가루 색상의 가짓수만큼 나눠 담은 후 손으로 가루와 반죽을 조물거리며 잘 섞어준다.

이렇게 만들어요!

1) 손에 참기름을 묻혀 밀대로 반죽을 밀어주고 떡살로 찍어서 모양을 내어준다. (절편떡)

2) 반죽을 색상별로 길게 늘여서 한 덩어리로 모아주고 손바닥을 펴서 칼로 자르듯이 조금씩 잘라준다. (옥춘떡)

3) 반죽 2~3가지 색상을 길게 만들어준 후 서로 합쳐서 안쪽부터 천천히 돌돌 말아준다.

4) 겉면에 참기름 또는 꿀을 바른 후 스프링클 또는 견과류로 꾸며 주면 완성!! (롤리팝떡)

Mom's Tip 천연가루와 쌀을 이용해서 아이 간식과 식사 대용으로도 좋고 반죽을 만져보며 소근육을 발달시켜주고 상상력과 창의력을 키울 수 있다.

시원 달콤 과일 화채

여름철 최고의 별미인 새콤달콤한 과일들로 만드는 과일 화채입니다. 탱글탱글 알이 모여 있는 과일, 겉은 초록 줄무늬가 있지만 속은 빨간 과일, 아이 주먹보다 크거나 작은 과일은 어떤 과일이 있는지 등 수수께끼를 내며 과일 이름을 맞혀보고 여름에 나오는 계절별 과일과 아이가 좋아하는 과일들에 관해서 이야기 나눠보며 다양한 종류의 과일들을 손으로 만져보고 냄새도 맡아 봅니다. 찍기 틀로 찍어 모양을 내거나 먹기 좋게 잘라 주며 화채스푼으로 떠서 시원한 과일 화채를 만들어 봅니다.

재료

멜론 1개, 사과 1개, 복숭아 1개, 키위 1개, 청포도, 블루베리 조금씩, 매실 수스 100㎖, 물 100㎖

 이렇게 만들어요!

1) 멜론을 반으로 잘라서 씨를 제거한 후 화채 스푼으로 떠준다.

2) 속을 파낸 멜론의 껍질을 뾰족하게 잘라준다.

3) 복숭아를 먹기 좋은 크기로 잘라준다.

4) 사과는 깨끗이 씻어 껍질째 잘라준다.

5) 키위는 껍질을 벗기고 화채 스푼으로 떠준다.

6) 물과 매실을 1대1로 희석 후 멜론 그릇에 담아준다.

7) 멜론, 사과, 복숭아, 청포도와 함께 키위도 넣어준다.

8) 마지막으로 블루베리를 담아주면 완성!!

Mom's Tip 아이가 좋아하는 우유나 요구르트를 넣어도 좋고 수박화채, 오미자화채 등 다양한 화채를 만들어 보고 남은 과일과 껍질들로 재밌는 꾸미기 놀이를 해볼 수 있다.

아이가 만드는 첫 김치 동물 모양 깍두기

어렸을 적부터 먹어본 다양한 음식은 성인이 되어서도 편식하지 않고 올바른 식습관을 가지는데 매우 중요 합니다. 무를 얇게 썰어서 아이가 좋아하는 동물 모양의 찍기 틀로 찍어 모양을 내어 보게 하며 좀 더 친근하고 재밌게 다가갈 수 있도록 음식과 친해질 기회를 자주 접하게 해주시고 엄마의 요리도구를 만지며 요리에 직접 참여시켜 자신이 노력한 대가로 가족이 맛있게 먹는 모습을 보며 기쁨을 느끼고 만족감, 성취감을 느낄 수 있으며 아이 스스로 김치를 먹게 되는 계기가 될 수 있습니다.

재료

무 1개, 고춧가루 50g, 사과 반 개, 다진 마늘 3큰술, 생강 10g, 새우젓 20g, 양파 1개, 소금 3큰술, 액젓 2큰술

이렇게 만들어요!

1) 무를 얇게 썰어 찍기 틀로 찍어준다.

2) 찍기 틀로 찍어준 무를 볼에 담고 소금을 넣어 30분 간 절여준 후 물에 헹궈 물기를 빼준다.

3) 사과는 껍질을 깎아 작게 잘라준다.

4) 양파, 생강도 작게 잘라서 믹서기에 담아준다.

5) 새우젓, 다진 마늘, 액젓도 믹서기에 담아준다.

6) 모든 재료를 믹서기에 갈아준 후 볼에 담아준다.

7) 고춧가루는 면 보자기에 싸서 고춧가루 물만 내어준 후 물기를 빼준 무와 6번과 함께 섞어준다.

8) 통에 담아 놓은 깍두기는 하루 정도 실온에 놓아둔 후 냉장고에 넣어주면 맛있는 깍두기 완성!!

Mom's Tip 고춧가루 1큰술과 빨간색 파프리카를 갈아 넣어도 잘 먹으며 조금 더 달콤하게 만들어 주고 싶으면 매실 진액을 넣어준다.

I can see the rainbow
레인보우 머핀

구름이 몰고 온 비가 내린 뒤 갠 하늘에서 빨주노초파남보 일곱 빛깔 색상으로 빛나는 예쁜 무지개를 볼 수 있습니다. 아이와 함께 밀가루 반죽을 한 다음 식용색소를 넣어 색색별로 짤주머니에 담아 머핀 틀에 짜서 넣어 주세요. 머핀 반죽이 오븐에 구워지는 동안 아이와 함께 어떤 모양이 나올지 상상해 보며 무지개 노래를 들으면서 무지개를 그리고 색칠하며 아이와 알록달록하고 행복한 시간을 보내면 좋겠습니다.

재료

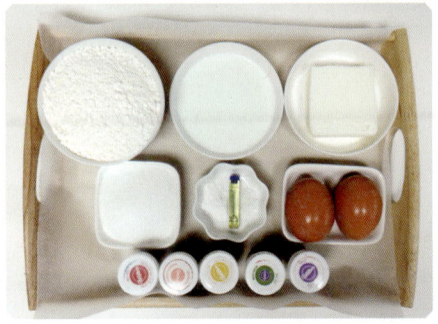

박력분 200g, 우유 50g, 버터 100g, 설탕 100g, 베이킹파우더 3g, 바닐라 익스트랙 1작은술, 달걀 2개, 다양한 색상의 식용색소

★ 크림치즈 프로스팅: 크림치즈 100g, 슈가파우더 30g, 레몬즙 1큰술, 생크림 100g, 파란색 식용색소 아주 조금

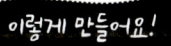 이렇게 만들어요!

1) 실온에 놓아둔 버터를 부드럽게 풀어주고 설탕을 2~3번에 나눠 가며 넣고 섞어준다.

2) 달걀을 깨어 넣어주고 잘 섞어준다.

3) 박력분과 베이킹파우더를 체에 내려 준 후 섞어준다.

4) 우유를 넣고 한 번 더 섞어준다.

5) 색소 색상만큼 그릇에 반죽을 나누어 담아준다.

6) 이쑤시개로 색소를 살짝 찍어서 반죽에 묻혀준 후 잘 섞어준다.

7) 짤주머니에 반죽을 색상별로 담아서 준비해 준다.

8) 머핀 틀에 유산지를 넣고 반죽을 조금씩 짜서 넣어준다.

9) 오븐 예열온도 175도 20분 정도 구워준다.

10) 크림치즈 프로스팅과 무지개 모양 젤리로 장식해주면 완성!!

yummy yummy
망고 아이스크림

우는 아이 울음 뚝! 그치게 하는 마법의 아이스크림. 아이들이 좋아하는 아이스크림이지만 첨가물이 많아 살 때마다 걱정되신다면 이제는 집에서 천연재료로 아이와 함께 직접 만들어 보세요. 우리 가족, 우리 아이가 먹는 음식이니만큼 직접 만들어 어떤 재료가 들어가는지 선택하고 확인할 수 있어 안심하고 먹을 수 있으니 마음이 편해집니다. 아이가 좋아하는 과일을 선택해서 엄마와 같이 만들면 아이가 무척 좋아하겠죠?

재료

망고 2개, 요거트 50㎖, 생크림 200㎖, 설탕 2큰술

1) 망고의 반을 자른 후 칼집을 여러 번 내어준다.

2) 잘라놓은 망고를 믹서기에 넣고 갈아준다.

3) 플라스틱 통 안에 갈아놓은 망고를 담아준 후 생크림을 넣어준다.

4) 마지막으로 요거트와 설탕을 넣고 잘 섞이도록 저어준 후 냉동실에서 4시간 정도 얼려준다.

Mom's Tip 여러 가지 과일을 조그맣게 자르고 플레인 요거트 또는 우유, 오렌지 주스 등 아이가 좋아하는 음료를 넣고 홈메이드 천연 과일 아이스크림을 만들어 보자.

brown bear
곰돌이 얼굴 브레드

식빵이 스케치북이 되고 피넛버터가 물감이 되며 블루베리와 바나나는 꾸미기 재료가 되어 줍니다. 동그란 재료를 이용해서 아이에게 친근한 곰돌이 얼굴도 만들어 보고 다른 동물의 얼굴 모양도 만들어 봅니다. 집의 거실, 주방, 아이 방에서 동그란 시계, 세모 그릇, 네모난 책 등 도형 모양을 실생활에서 찾아보고 연상해 보며 아이들이 좋아하는 치즈나 과일들을 잘라서 칠교놀이를 하며 아이의 사고력을 키워 줄 수 있습니다.

재료

식빵, 피넛버터 1큰술, 블루베리 1큰술, 바나나 1개

이렇게 만들어요!

1) 바나나의 껍질을 벗겨 먹기 좋은 크기로 잘라준다.

2) 스푼으로 식빵에 피넛버터를 발라준다.

3) 잘라놓은 바나나로 귀, 코 부위에 놓아준다.

4) 블루베리로 눈을 표현해 준다.

5) 블루베리를 코에 놓인 바나나 위에 올려준다.

6) 곰돌이 브레드 완성!!

Mom's Tip 땅콩 알레르기가 있는 아이는 딸기잼이나 포도잼으로 대체해 주고 갈색 얼굴로 꾸미고 싶으면 초콜릿을 녹여서 빵 위에 발라준다.

상큼한 오렌지 컵 젤리

물처럼 주르르 흐르는 오렌지가 어떻게 말랑말랑하고 탱글탱글한 젤리로 변신하는지 아이들은 무척 궁금해합니다. 오렌지가 마법을 부린 걸까요? 우선 젤리를 만들려면 젤라틴이 필요합니다. 젤라틴은 동물의 뼈, 연골 등을 구성하는 천연단백질인 콜라젠으로 이루어져 있고 투명한색을 띠며 맛은 거의 없습니다. 플라스틱 같은 딱딱한 젤라틴은 차가운 물에 들어가면 보들보들 미끌미끌 흐물흐물 해집니다. 따뜻하게 중탕한 오렌지 주스에 젤라틴을 넣으면 흐물거리던 모습은 사라지고 액체로 변하는데 그 모습을 아이들은 매우 신기해합니다. 냉장고에 넣고 굳혀 준 뒤 초코펜으로 모양을 그린 후 시원하고 탱글탱글한 젤리를 맛있게 먹을 수 있습니다.

재료

오렌지 2개, 설탕 30g, 오렌지 주스 200㎖, 판 젤라틴 5장, 초코펜

이렇게 만들어요!

1) 오렌지의 윗부분을 조금 자르고 숟가락으로 속을 파낸다.

2) 파낸 오렌지는 체에 밭쳐서 꾹꾹 눌러 즙을 낸다.

3) 판 젤라틴은 물에 10분 정도 담가 두고 불려준다.

4) 냄비에 오렌지 주스, 오렌지즙, 설탕을 넣어준다.

5) 냄비를 불에 올리고 설탕이 녹도록 잘 저어주며 가장자리에 거품이 올라오면 불을 끈 후 불린 젤라틴을 넣고 한 번 더 저어준다.

6) 속을 파내고 남은 오렌지 컵에 5번을 넣고 냉장고에서 3시간 굳혀준다.

7) 젤리가 굳어지면 초코펜으로 자신이 원하는 모양을 그려준다.

8) 오렌지컵 젤리 만들기 완성!!

Mom's Tip 자몽컵 젤리 또는 사과, 청포도, 자두 등 아이가 좋아하는 과일로 여러가지 컵젤리를 만들어 본다.

autumn 가을
키즈 쿠킹

티라노사우르스 공룡 도시락

날카로운 이빨과 발톱으로 약한 공룡을 잡아먹고 거대한 몸짓과 발소리가 엄청 큽니다. 남성성이 생기는 시기에 공룡 그림을 그리고 몸짓과 소리를 흉내 내며 다른 사람에게 자신이 강하고 힘이 센 것처럼 보이고 싶어 하며 아빠보다는 엄마를 더 좋아하고 아빠로부터 엄마를 독차지 하고 싶어 합니다. 아이가 좋아하는 공룡 모양으로 종이접기, 공룡 화석도 만들어 보고 왜 공룡이 사라졌는지 이야기도 해보며 도시락을 싸서 공룡 박물관에 가보면 어떨까요? 자신이 좋아하는 것을 지지해주고 이해해 주는 엄마를 통해 세상은 즐겁고 행복한 곳이라는 생각을 하게 됩니다.

재료

밥 한 공기, 달걀 1개, 칵테일 새우 50g, 치즈 1장, 슬라이스 햄 1장, 김밥용 김 1/2장, 유부 4장, 브로콜리, 당근, 양파 조금씩, 소금 조금

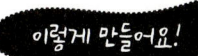

1) 당근과 브로콜리는 자르기 쉽도록 뜨거운 물에 데쳐 주고 양파와 함께 작게 잘라준다.

2) 달걀 1개를 풀어서 소금으로 간을 하고 달군 팬에 식용유를 두르고 달걀을 부어서 젓가락으로 휘저어 준다.

3) 잘라놓은 1번 채소와 버터를 넣고 볶아 준다.

4) 소금을 넣은 뜨거운 물에 데쳐서 물기를 빼준 새우와 밥을 넣고 재료가 섞이도록 저어주며 소금이나 간장으로 살짝 간을 해준다.

5) 도시락통에 들어갈 크기로 공룡 모양을 유산지에 그려준 후 테두리를 가위로 잘라준다.

6) 바닥에 유부를 넓게 펴놓고 잘라놓은 유산지를 올리고 칼로 테두리를 잘라준다.

7) 슬라이스 햄으로 공룡의 입안을 표현해주고 칼로 슬라이스 치즈를 뾰족하게 잘라서 이빨을 표현해준다.

8) 바닥에 김을 놓고 7을 올리고 조금 여유 있게 잘라준 후 눈과 콧구멍은 남은 김으로 표현해준다.

Mom's Tip 공룡 주먹밥은 새우 볶음밥을 공룡 알처럼 동그랗게 모양을 내주고 김을 손으로 찢어 붙여 주며 공룡 알처럼 표현해준다.

건강한 달콤함 양갱이

선선한 가을바람이 느껴질 때면 민족 대명절 추석이 다가옵니다. 명절에는 평소 잘 볼 수 없는 친척들을 오랜만에 만나 맛있는 것도 먹고 이야기꽃을 피우며 즐거운 시간을 보낼 수 있습니다. 오랜만에 만날 가족들을 위해 아이와 함께 만들기도 쉽고 모양이 예뻐서 받으시면 무척 기뻐하실 양갱이를 만들어 선물해 보면 어떨까요? 딱딱한 음식 드시기 힘드신 할아버지 할머니께서도 아주 좋아하실 거예요. 아이가 직접 만들어 더욱 특별한 수제 간식으로 나눔의 기쁨도 느끼고 칭찬 듬뿍 받으며 쑥쑥 자랄 수 있도록 우리 아이의 기를 살려주세요.

재료

백옥 앙금 400g, 한천 가루 10g, 단호박 가루, 클로렐라 가루, 백련초 가루 조금씩, 설탕(50g) 또는 올리고당

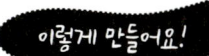

이렇게 만들어요!

1) 물 100㎖ 안에 한천 가루 10g을 넣고 10분 정도 불려준다.

2) 앙금을 100g씩 네 등분 해서 통에 담아준다.

3) 클로렐라, 단호박, 백련초 가루를 넣고 섞어준다.

4) 냄비에 한천 물을 조금 넣고 끓으면 섞어놓은 앙금을 넣고 주걱으로 잘 풀어준다.

5) 앙금의 상태가 묽어지며 케첩 상태로 조려지면 숟가락으로 몰드안에 담아준다.

6) 몰드를 양손에 잡고 탁탁 쳐주며 기포가 생기지 않도록 해준 후 서늘한 곳에서 굳혀준다.

Mom's Tip 밤, 호두, 잣 등 견과류를 넣으면 더 맛있게 먹을 수 있다.

밤송이가 한가득 밤 경단

오도독오도독 무슨 소리일까요? 밤을 깨물어 보니 이런 소리가 납니다. 뾰족뾰족한 밤송이 가시 안에 반질반질하고 매끈매끈한 예쁜 갈색 밤 알맹이가 들어 있는 게 정말 신기합니다. 오독오독 씹을 때 재미있는 소리가 나고~ 꼭꼭 씹히는 맛이 일품이며 먹을수록 머리도 좋아지는 밤!! 날것으로 먹거나 삶아 먹거나 구워 먹어도 다 맛있답니다!! 과일이나 여러 종류의 견과류를 먹어보며 어떤 소리가 나는지 차이점을 알아보고 아이가 좋아하는 소리, 재미있는 소리, 집안 부엌에서 나는 소리, 대문 밖 시끄러운 소리 등 다양한 소리를 귀 기울여 듣고 이야기해 보며 눈을 감고 소리로 물건을 맞추는 놀이를 해봐도 좋습니다.

재료

밤알 10개 정도, 아몬드 가루 2큰술, 꿀 1큰술, 깨 1큰술, 시리얼 조금

 이렇게 만들어요!

1) 밤을 삶아 식혀준 후 껍질을 깐 밤을 봉지에 담아준다.

2) 아몬드 가루도 봉지에 넣어준다.

3) 시리얼을 조금씩 부숴주며 봉지에 담아준다.

4) 바람을 뺀 봉지의 입구를 꼬아서 잡아주고 주먹으로 망치처럼 쿵쿵 빻아준 뒤 내용물이 잘 섞이도록 조물거려 준다.

5) 반죽을 조금 떼어내어 동글하게 빚은 뒤 윗부분을 밤 모양처럼 뾰족하게 만들어 준다.

6) 같은 방법으로 여러 개 만들어준다.

7) 숟가락에 꿀을 묻혀 밤 반죽의 아랫부분에 발라 준다.

8) 꿀을 발라준 곳에 깨를 묻혀주면 맛있는 밤 경단 완성!!

Mom's Tip 밤 모양으로 만들기 힘들어하면 반죽을 넓게 펴고 쿠키 틀로 찍어준다.

천연재료 색깔놀이 시금치 단호박 만두

물감만 색깔이 있는 것이 아니라 우리가 먹는 식재료에도 다양한 색상의 음식들이 많습니다. 믹서기에 시금치를 갈아서 초록 물을 만들어 밀가루와 함께 반죽 놀이를 하면 채소를 싫어하는 아이들도 조물조물하며 즐거운 요리 놀이 시간을 보낼 수 있습니다. 시금치와 단호박 외에도 파프리카(주황, 노랑, 빨강), 비트나 당근을 갈아서 천연 색상을 내어도 좋습니다. 남는 밀가루 반죽으로 수제비를 만들어도 좋고 단호박, 파프리카 꼭지를 꽂아보며 애벌레, 나비, 잠자리 등 여러 가지 곤충 조형물을 만들어 볼 수 있습니다.

■ 재료

부추 30g, 양파 1/4개, 시금치 5줄기, 단호박 1/4개, 다진 돼지고기 200g, 물에 씻은 김치 200g, 밀가루 3컵 (시금치, 단호박, 흰색 반죽)

★ 만두소 양념 : 굴소스 1큰술, 다진 마늘 1작은술, 참기름 1작은술, 소금, 후추 조금씩

 이렇게 만들어요!

1)

2)

1) 깨끗이 씻어서 물기를 뺀 부추와 양파를 잘게 썰어 준다.

2~3) 돼지고기, 김치를 볼에 담고 잘라놓은 양파와 부추를 넣어준다. 마늘, 굴소스와 함께 만두소 양념을 넣어준 후 양념이 잘 배도록 섞어준다.

4) 시금치 잎과 물 1/2 컵을 믹서기에 넣고 갈아준 후 볼에 담긴 밀가루에 부어서 반죽해 주고 단호박은 전자레인지에 8분 정도 돌려준 후 믹서기에 갈아서 반죽해 준다.

5)

6)

5) 세 가지 색상으로 반죽을 만들어 준 후 비닐 팩에 넣어 30분간 휴지 시켜준다.

6) 숙성시킨 반죽에 밀가루를 조금씩 묻혀 가며 밀대로 밀어주고 다른 색상의 반죽을 올려준 후 김밥처럼 돌돌 말아준다.

7)

8)

7) 너비 5cm 정도의 두께로 잘라준 후 밀가루를 뿌리고 만두피 반죽을 밀어준다.

8) 만두피 반죽에 만두소를 한 숟가락씩 담아준다.

9) 반달 모양으로 접은 후 손톱으로 꾹꾹 눌러서 모양을 잡아 준다.

9)

10)

10) 다 만들어진 만두는 찜기에 10분간 찌면 완성!!

Mom's tip 시금치, 단호박 외에 당근, 파프리카, 비트 등으로 천연 색상을 내어도 좋다.

trick or treat
할로윈 만주

매년 10월 31일 마녀, 유령, 괴물 등의 분장을 한 아이들이 동네 집들을 돌면서 Trick or Treat(맛있는 것을 주지 않으면 장난칠 거야) 외치며 사탕을 받으러 다니는 미국의 전통적인 행사를 하는 날입니다. 엄마와 함께 할로윈 만주를 만들고 초콜릿을 녹여서 유령 얼굴을 꾸며 주세요. 할로윈 복장을 하고 호박 쿠키, 젤리, 사탕, 초콜릿 등 호박 바구니에 담아 친구들에게 나눠 주며 즐겁고 재밌는 할로윈 데이를 즐겨보세요.

재료

박력분 250g, 달걀 2개, 연유 100g, 설탕 50g, 베이킹파우더 3g, 바닐라 엑스트랙트 1/2작은술, 버터 30g, 백앙금 300g, 초콜릿 한 줌, 견과류 조금

이렇게 만들어요!

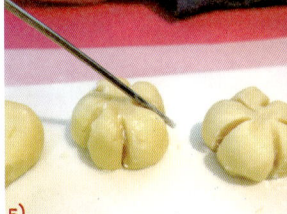 

1) 볼에 달걀노른자와 버터를 풀어주고 설탕, 연유와 바닐라 엑스트랙트를 넣어주고 잘 섞어준다.

2) 박력분과 베이킹파우더를 체에 쳐서 내려주고 설탕 등 나머지 재료를 넣고 실리콘 주걱으로 골고루 섞어준 뒤 비닐봉지에 넣어 냉장고에서 30분간 휴지시켜 준다.

3) 앙금은 25g씩 나누어서 양 손바닥을 이용해서 동그랗게 만들어 준다.

4) 숙성시켜준 반죽을 20g씩 나눈 후 반죽을 넓게 펼쳐 앙금을 올린 뒤 전체적으로 감싸준다.

5) 반죽을 동그랗게 만들어 준 다음 젓가락을 이용해서 호박 모양으로 만들어 준다.

6) 동그란 반죽을 손바닥으로 넓게 펴놓은 후 머리 모양을 뾰족하게 해서 유령 모양을 만들어 준다.

7) 달걀노른자 1개를 잘 풀어서 붓으로 얇게 펴 바른 후 견과류를 올려준다.

8) 크랜베리로 유령의 눈, 코를 꾸며 준다.

9) 예열한 오븐에 170도 15분간 구워준 뒤 서늘한 곳에서 식혀준다.

10) 짤주머니에 초콜릿을 담아 뜨거운 물에서 녹여준 후 유령의 얼굴을 그려주면 할로윈 유령 만주 완성!!

뛰뛰 빵빵~ 떠나요 자동차 도시락

평소 바쁜 일상으로 아이들과 시간을 함께하지 못해 아쉬웠다면 빵빵~ 자동차를 타고 파란 가을 하늘과 수평선 넘어 푸른 바다가 보이는 곳으로 가족여행을 떠나 보면 어떨까요? 가족과 함께 떠나는 여행은 소중한 추억으로 아이들 마음속 깊이 남아 아이들이 자라며 가치관과 정체성이 흔들릴 때 아이의 중심을 잡아주는 가장 큰 힘이 됩니다.

재료

★ 깻잎 주먹밥 – 소고기 민스 200g, 밥 한 공기, 당근 1/2개, 오이 1/3개, 비엔나소시지 조금, 검은깨, 소금, 설탕, 간장, 참기름 조금씩, 깻잎 10장

★ 스마일 김밥 – 김, 비엔나소시지, 검은깨 조금, 소금 조금

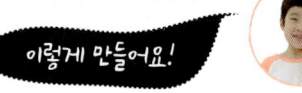

깻잎 주먹밥

1) 볼에 고기를 담고 간장, 설탕을 넣고 버무려 밑간해 준다.

2) 소금을 조금 잡아 골고루 스며들도록 잘 섞어준다.

3) 당근은 끓는 물에 한 번 데쳐서 오이와 함께 작게 잘라서 준비해준다.

4) 소고기를 먼저 볶다가 조금 익어가면 당근을 넣고 볶아준다.

5) 오이를 넣고 살짝 볶아준다.

6) 밥 한 그릇에 소금과 참기름을 넣고 밑간을 해준 후 섞어준다.

7) 한입 크기로 동글하게 만들어준다.

8) 뜨거운 물에 살짝 데친 후 물기를 빼준 깻잎 위에 주먹밥을 넣고 감싸준 후 쌈장을 올려준다.

스마일 김밥

1) 김발 위에 김과 밥을 올리고 데친 비엔나소시지를 얹어준다.

2) 김발을 꼭꼭 눌러가며 김밥을 싸준다.

3) 김밥을 반으로 자른 뒤 검은깨로 눈을 표현해준다.

4) 스마일 김밥 완성!!

Mom's Tip 소시지를 반으로 잘라서 김밥을 만들면 이쁜 웃는 입을 만들 수 있다.

우리 가족을 소개 합니다
테디 베어 패밀리 도너츠

가족의 구성원은 엄마, 아빠, 언니, 오빠, 형, 동생 등 부모님과 형제자매들과 함께 한 지붕 아래 같이 삽니다. 같은 집에서 잠을 자고 밥을 같이 먹지는 않지만, 할아버지 할머니 또는 이모 고모도 가족이고 친척이라고도 하며 가족에는 핵가족과 대가족이 있습니다. 어떤 친구의 아빠와 엄마는 다른 나라 사람이어서 다문화 가정의 친구도 있고 한 부모 가정의 친구도 있으며 할아버지 또는 할머니 하고만 사는 친구도 있습니다. 가족의 구성원은 다 다르지만, 가정은 누구에게나 소중하고 나를 믿어 주며 가장 마음이 편안한 곳입니다.

재료

박력분 180g, 버터 60g, 설탕 70g, 달걀 1개, 코코아 가루 50g, 베이킹파우더 3g, 우유 4큰술, 밀크 초콜릿 100g, 다크 초콜릿 100g, 여러 색상의 초코펜, 스프링클, 미니 스틱과자 조금씩

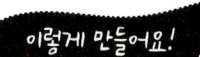 이렇게 만들어요!

1) 볼에 버터를 넣고 주걱으로 크림화 시켜주고 설탕을 넣어 섞어준다.

2) 달걀을 깨서 넣어준다.

3) 체에 내린 박력분, 코코아 가루, 베이킹파우더와 우유를 넣고 잘 섞어준다.

4) 반죽을 짤주머니에 담고 예열한 도넛 메이커에 짜 준다.

5) 5분 정도 다 구워지면 식혀준 뒤 나무 스틱을 꽂아 고정해 준다.

6) 미니 스틱 과자를 꽂아 귀를 만들어 준다.

7) 중탕한 초콜릿으로 도넛을 전체적으로 발라준다.

8) 유산지 위에 도넛을 놓고 초코펜으로 얼굴을 꾸며 준다.

뾰족뾰족 고슴도치 고구마 카나페

고슴도치의 매력은 뾰족뾰족한 가시가 나 있는 몸입니다. 올빼미나 부엉이에게 잡혀먹힐 위험에 처하면 몸을 동그랗게 말아서 자신을 보호하고 자신을 스스로 지키는데 가장 중요한 도구가 되기도 합니다.

다른 친구를 때리거나 다치게 해서 피해를 주는 것도 안 되지만 자신이 폭력을 당해서도 안 됩니다. 자신을 스스로 보호하며 사랑하는 마음을 가지기 위해서 어떻게 하면 좋을지 엄마와 이야기 나눌 계기를 만들어 보세요. 또, 소근육을 발달 시킬 수 있는 뾰족뾰족 가시가 매력적인 고구마 고슴도치로 프랑스 카나페를 만들어 보고 세계지도와 세계국기를 보며 나라별 유명한 음식과 문화에 대해 알아볼 수 있습니다.

재료

고구마 2개, 연유 2큰술, 크랜베리, 볶은 현미, 슬라이스 아몬드, 호두, 초콜릿 칩, 동그라미, 네모 종류의 과자 조금씩

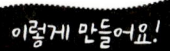 

1) 고구마는 찜기에 쪄서 식힌 후 껍질을 벗겨 준다.

2) 껍질 벗긴 고구마를 비닐 팩에 담은 다음 덩어리가 없도록 밀대로 밀어준다.

3) 호두는 손으로 잘게 부숴 주고 크랜베리는 잘게 잘라준다.

4) 3번과 함께 볶은 현미도 넣어준다.

5) 비닐 팩에 연유를 넣어준다.

6) 모든 재료가 잘 섞이도록 손으로 조물거려준다.

7) 비닐장갑을 끼고 달걀만 한 크기로 만들어 준다.

8) 초코칩으로 눈을 만들고 슬라이스아몬드 또는 견과류로 고슴도치의 가시를 표현해주면 완성!!

Mom's Tip 알레르기가 있다면 견과류 대신 쌀과자를 넣어 고슴도치를 만들고 스틱모양 과자로 가시를 표현해준다. 연유 대신 아가베시럽이나 올리고당으로 대체 가능하며 귤이나 감자, 고구마에 이쑤시개를 꽂아 조형 놀이를 해볼 수 있다.

딸기 품은 딸기 찹쌀떡

추운 겨울밤 온 가족이 모여서 이야기꽃을 피우는 해피타임에 쫀득쫀득하고 쫄깃한 맛이 일품인 찹쌀떡은 아주 특별한 별미입니다. 아이들이 좋아하는 새콤달콤한 딸기를 넣어 인기가 좋으며 찬바람 불어 추운 겨울철 면역력이 약한 아이들에게 비타민을 보충해주고 수분이 많아 변비에도 효과가 좋습니다. 딸기 말고도 키위, 바나나, 귤, 파인애플, 청포도 등 다양한 과일을 넣으면 새로운 맛의 찹쌀떡을 맛볼 수 있습니다.

재료

찹쌀가루 180g, 팥앙금 200g, 딸기 10개, 뜨거운 물 150㎖, 전분가루 2큰술, 설탕 2큰술, 소금 조금, 식용유 조금

 이렇게 만들어요!

1) 팥앙금은 밤톨 크기만 하게 나눠준 후 동그랗게 빚어 준비해 준다.

2) 흐르는 물에 씻어 꼭지를 잘라주고 물기를 뺀 딸기를 팥앙금으로 감싸준다.

3) 유리 그릇에 찹쌀가루와 설탕·소금을 넣어준다.

4) 뜨거운 물 150㎖를 조금씩 나눠가며 부어 준다.

5) 잘 섞이도록 반죽해 준다.

6) 반죽이 든 그릇에 랩을 씌워서 포크 또는 젓가락으로 구멍을 뚫어 주고 전자레인지에 2분 돌리고 반죽을 다시 한 번 섞은 뒤 다시 2분 돌려준다.

7) 유산지 위에 식용유를 조금 뿌려준다.

8) 반죽이 서로 붙지 않도록 유산지를 잡고 위·아래·왼쪽·오른쪽으로 식용유를 묻혀 준다.

9) 반죽을 10개로 나눠준 뒤 전분 가루를 묻혀 가며 납작하게 만든 다음 팥앙금을 씌운 딸기를 중앙에 올려 준다.

10) 찹쌀 반죽을 전체적으로 감싼 후 둥글게 모양을 잡아 주고 전분가루를 묻혀 주면 딸기 찹쌀떡 완성!!

Mom's Tip 딸기 대신에 귤, 키위, 바나나로 과일 찹쌀떡을 만들어 볼 수 있다.

colorful 물고기 피자

집에 있는 재료들로 쉽고 간단하게 만들어서 먹기 좋은 피자는 아이들에게 최고 인기 메뉴입니다. 알록달록한 화려한 색상의 재료들은 눈부터 즐겁습니다. 파프리카나 시금치를 잘라서 시곗바늘로 표현해주며 시계 피자를 만들어 보고, 다양한 채소로 눈사람 피자를 만들며 채소와 친숙하게 놀게 해주세요. 채소를 잘 먹는 아이로 자라게 하고 싶다면 가장 효과적인 방법은 엄마가 채소를 자주 먹는 모습을 보여주는 것입니다. 처음에는 잘 안 먹더라도 맛있게 먹는 엄마의 모습을 바라보면서 나도 먹어봐야지 하며 먹게 되는 날이 꼭 온답니다.

재료

미니 토르티야 3장, 다양한 색상의 파프리카 1/4개씩(빨강, 주황, 노랑), 피망 1/4개, 옥수수 통조림 1큰술, 올리브 1개, 참치 1큰술, 피자 가루 4큰술, 케첩 조금

1) 파프리카, 피망을 색상별로 작게 잘라서 준비해 주세요.

2) 토르티야 2장을 놓고 아래쪽에 케첩을 발라 준다.

3) 토르티야를 조금 손으로 잘라서 물고기 꼬리를 만들어 준다.

4) 케첩을 토르티야 위에 전체적으로 발라준 후 피자 가루를 뿌려준다.

5) 아이가 좋아하는 색상의 파프리카를 순서대로 올려준다.

6) 옥수수를 한 숟가락을 떠서 올려준다.

7) 파프리카 위에 기름을 뺀 참치를 얹은 후 피자 가루를 전체적으로 뿌려준 다음 올리브로 물고기 피자의 눈을 꾸며 준다.

8) 오븐에서 180도 10분 구운 후 식혀준 다음 케첩으로 물고기 비늘 모양을 꾸며주면 완성!!

Mom's Tip 토르티야로 눈사람 피자, 시계 피자, 나비 피자 등 맛도 좋고 재밌는 스토리가 있는 피자를 만들어 본다.

예쁜 엄마 얼굴 스파게티

얼굴은 상대방을 바라볼 때 신체 중 제일 먼저 보는 부분으로 상대의 기분을 알 수 있고 의사소통을 할 수 있는 대표적인 기관입니다. 엄마의 표정, 행동, 말하는 습관을 통해 아이는 생각하고 이해하며 세상을 배웁니다. 아이 눈동자에 비친 엄마의 모습은 어떤 모습일지 상상해 보신 적 있으신가요? 엄마는 아이의 거울로써 아이들이 본받고 다른 사람을 사랑할 줄 아는 아이로 자랄 수 있도록 긍정적인 자아 관념을 심어 주세요. 스파게티를 만들어 아이는 엄마 얼굴을 꾸며 보고 엄마는 아이 얼굴을 꾸며 보면서 맛있는 스파게티도 먹고 행복하고 즐거운 시간을 보내면 좋겠습니다.

재료

스파게티 100g, 베이컨 60g, 칵테일 새우 100g, 데친 브로콜리 조금, 노란 파프리카, 빨간 파프리카, 양파 조금씩, 밥 한 공기, 토마토 스파게티 소스 한 컵, 김 조금

1) 스파게티 면은 삶아서 물기를 뺀 후 식혀주고, 양파와 파프리카를 잘게 잘라서 준비해 준다.

2) 베이컨은 길쭉하게 먹기 좋은 크기로 잘라준다.

3) 식용유를 두른 팬에 양파와 파프리카를 살짝 볶아 준다.

4) 양파가 투명해지면 새우와 베이컨을 넣고 한 번 더 볶아준다.

5) 삶아놓은 스파게티 면을 넣고 토마토 스파게티 소스를 넣어준다.

6) 소스가 잘 스며 들도록 잘 섞어준다.

7) 접시에 밥 한 그릇을 담고 그 위에 스파게티로 머리 모양을 꾸며 준 후 김을 잘라서 눈, 입을 표현해준다.

8) 빨간 파프리카를 잘라서 볼을 꾸며주고 데친 브로콜리를 머리에 꽂아주면 맛있는 얼굴 모양 스파게티 완성!!

Mom's Tip 남은 스파게티 면으로 자동차, 집, 얼굴을 선으로 표현해볼 수 있다

카레에 퐁당 빠진 눈사람 카레라이스

카레는 건강에도 좋고 언제 먹어도 맛있지만 추운 겨울 후후 불어가며 먹는 카레 맛이 가장 좋지요. 눈이 펑펑 내리는 날 너무 추워서 밖을 나갈 수 없다면 눈처럼 하얀 밥으로 눈사람 카레라이스를 만들어 보면 어떨까요? 당근으로 목도리도 만들고 채소의 꼭지를 떼어내서 눈사람의 팔을 만들고 블루베리로 눈을 표현해 주세요. 하얀 밥으로 곰돌이, 토끼, 병아리 등등 다양한 모양으로 만들어 볼 수 있으며 자투리 재료들로 아이들만의 독특한 모양으로 꾸며 볼 수 있습니다.

재료

흰밥 한 공기, 카레용 돼지고기 200g, 감자 1/2개, 양파 1/4개, 미니 새송이 버섯 5개, 호박 1/4개, 당근 1/3개, 카레 70g

1) 양파, 감자를 먹기 좋은 크기로 잘라주고, 버섯은 손으로 찢어도 되고 빵칼로 먹기 좋게 잘라준다. 당근은 자르기 쉽도록 뜨거운 물에 살짝 데쳐서 호박과 함께 잘라준다.

2) 팬에 식용유 또는 버터를 넣고 돼지고기를 볶다가 살짝 익으면 당근을 넣어 볶아준다.

3) 감자, 양파, 호박을 넣고 양파가 투명해질 때까지 볶아준다.

4) 물 2컵과 카레 가루를 넣은 후 채소들이 다 익을 때까지 저어주며 카레를 끓여준다.

5) 비닐장갑에 참기름을 조금씩 묻혀준 후 흰밥으로 2개의 크기가 다른 공 모양으로 만들어 준다.

6) 서로 붙여준다.

7) 블루베리눈, 당근 코와 목도리, 햄으로 단추를 표현해 준다.

8) 고추 꼭지 또는 호박 꼭지로 눈사람의 팔을 표현해 주면 완성!!

Mom's Tip 눈사람 말고도, 토끼, 오리, 곰돌이 등 다양한 모양으로 만들어 아이가 입맛 없을 때 색다른 식사를 할 수 있다.

영양가 듬뿍 단호박 케이크 - 푸쉬업 팝스틱

단호박은 울퉁불퉁한 겉모양과 달리 반으로 잘랐을 때 노란 색상이 예쁘며 비타민이 풍부해 겨울철 감기 예방에도 큰 효과가 있습니다. 호박의 딱딱한 껍질을 손으로 두드려 보고 호박껍질에 그림도 그려보며 탐색 타임을 가져보세요. 어렸을 적부터 자연식품을 먹을 기회를 많이 제공해 주며 다양한 요리방법으로 영양 만점인 호박을 좋아하게 해주세요.

재료

단호박 1개, 달걀 1개, 우유 한 컵, 쌀가루 150g, 밀가루 50g, 크림치즈 3스푼, 설탕 2스푼, 베이킹파우더 2g, 견과류, 연유 조금씩

★ 푸쉬업 팝스틱 용기

pumpkin

이렇게 만들어요!

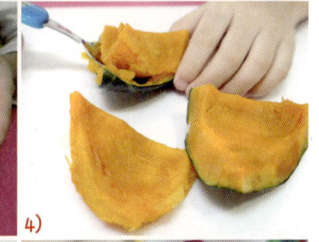

1) 볼에 달걀 하나를 깨어서 넣고 설탕을 넣어 섞어준다.

2) 밀가루, 쌀가루, 베이킹파우더를 체에 쳐서 내려준다.

3) 체에 내린 가루에 우유를 넣고 섞어준다.

4) 단호박은 반으로 잘라서 씨를 제거해주고 전자레인지에 8분간 돌려준 후 껍질을 분리한다.

5) 단호박의 노란 부분만 잘게 자른 후 으깨어서 밀가루 반죽에 넣어 섞어준다.

6) 반죽을 짤주머니에 담아 머핀 틀에 넣어서 찜기에 15분 정도 찐다.

7) 크림치즈 3스푼과 으깬 단호박, 연유를 조금 섞어 단호박 크림치즈를 준비해준다.

8) 단호박 머핀이 식으면 반으로 잘라서 플라스틱 통으로 찍어서 넣어준다.

9) 단호박 크림치즈를 짤주머니에 담아 단호박 머핀–단호박 크림치즈–단호박 머핀–단호박 크림치즈 순서로 올려준다.

10) 호두 또는 크랜베리, 아몬드 등 견과류로 토핑해주면 단호박 케이크 완성!!

Mom's Tip 팝스틱 용기는 아이의 생일파티, 외출 시 간식 준비할 때 요긴하게 쓸 수 있으며 용기가 투명해서 보는 재미와 먹는 재미가 쏠쏠하다.

반짝이는 코 매력적인 뿔
루돌프 머핀

크리스마스 하면 가장 생각나는 분이 있습니다. 1년 동안 부모님 말씀도 잘 듣고 친구들과 사이좋게 지낸 착한 친구들에게 선물을 주시는 산타 할아버지입니다. 산타 할아버지께서 선물 주러 오실 때 타고 오는 썰매는 반짝이는 코와 뿔이 매력적인 루돌프가 꼭 끌어줘야 크리스마스 선물을 전달받을 수 있답니다. 선물 주시는 산타 할아버지도 고맙지만, 산타 할아버지를 데려다주는 루돌프에게도 편지를 써서 감사의 마음을 전해보면 어떨까요?

재료

머핀 3개, 휘핑크림 1컵, 초코칩, 빨간색 초코볼, 프레즐 조금씩

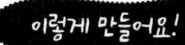

1) 머핀 위에 숟가락으로 휘핑크림을 바른다.

2) 초코칩과 초코볼로 눈과 코를 꾸며준다.

3) 사슴의 귀 모양으로 과자를 잘라준다.

4) 머핀의 귀 양쪽에 꽂아주면 루돌프 머핀 완성!!

Mom's Tip 딸기의 뾰족한 부분에 휘핑크림을 발라 산타할아버지의 빨간 모자를 만들어 루돌프 머핀과 함께 크리스마스 파티용 핑거푸드로 만들어 보자.

special
스페셜
맘스 쿠킹

일 년에 하루뿐인 아이의 생일 또는 축하해 주고 싶은 특별한 날에 내 아이를 더욱 행복하고 기쁘게 해줄 특별한 케이크를 만들어 선물해 주세요.

동물 컵케이크

재료

케이크 시트, 휘핑크림, 식용색소(레드), 다양한 과자 종류들

이렇게 만들어요!

1) 플라스틱 컵 또는 찍기 틀로 케이크 시트를 꾹 눌러 4개의 컵케이크의 빵을 준비해준다.(머핀가능)

2) 빵 위에 휘핑크림을 발라준다.

3) 오레오를 반으로 잘라서 부엉이의 눈과 귀를 표현해 주고 초코볼을 눈과 코에 붙여준다.

4) 팝콘으로 사자의 머리를 표현해 주고 초코볼은 눈을, 젤리는 입을 표현해 준다.

5) 세모 과자는 귀, 눈은 초코볼, 수염은 젤리로 고양이를 표현해준다.

6) 휘핑크림에 빨간색 식용색소를 살짝 섞어서 무당벌레의 등을 표현해주고 초코볼과 블루베리와 젤리로 무당벌레를 꾸며준다.

레이싱카 케이크

재료

케이크 시트, 휘핑크림, 식용색소, 오레오, 다양한 종류의 과자들

이렇게 만들어요!

1) 케이크 시트를 자동차 모양으로 잘라서 스페츌라로 휘핑크림을 발라 커버링 해준다.

2) 자동차의 타이어를 붙여 주고 자동차의 옆면을 과자로 장식해준다.

3) 자동차의 창문을 표현해준다.

4) 마시멜로로 꾸며주면 멋진 레이싱카 완성!!

코끼리 케이크

재료

케이크 시트 2개, 휘핑크림, 젤리, 초코 막대 과자 조금, 초코볼, 식용색소(보라)

 이렇게 만들어요!

1) 케이크 시트를 코끼리의 얼굴과 코 모양으로 잘라준다.

2) 케이크 시트를 코끼리의 귀 모양으로 잘라준다.

3) 휘핑크림에 보라색 식용색소를 살짝 넣어 커버링 해주고 젤리로 귀를 꾸며준다.

4) 초코볼로 코끼리의 눈을 표현해주고 젤리로 눈썹을 꾸며준다.

5) 초코 막대 과자와 젤리로 코끼리의 코와 뼈를 표현해준다.

6) 코끼리 케이크 완성!!

수박 케이크

재료

케이크 시트, 휘핑크림, 초록, 핑크 또는 빨강 식용색소, 초코볼, 후르츠 칵테일

이렇게 만들어요!

1) 케이크 시트의 반을 잘라 휘핑크림을 바르고 물기를 뺀 과일을 얹어 준 후 시트의 윗면을 덮어준다.

2) 휘핑크림에 초록색, 빨간색 식용색소를 넣고 섞어준 뒤 옆면은 초록색으로, 위면은 빨간색으로 커버링 해주고, 테두리는 커버링하고 남은 초록색 휘핑크림을 짤주머니에 담아 한 바퀴 돌려준다.

3) 초코볼을 세워서 수박씨처럼 콕콕 박아준다.

4) 수박 케이크 완성!!

시계 케이크

재료

초코케이크 시트, 휘핑크림, 노란색 식용색소, 블루베리 조금, 긴 줄 젤리, 초코스틱 과자, 다양한 모양 젤리

이렇게 만들어요!

1) 초코케이크 시트를 가로로 반을 잘라준다.

2) 휘핑크림을 바르고 블루베리를 넣어준 후 윗면의 케이크 시트를 덮어준다.

3) 휘핑크림에 노란색 식용색소를 조금 넣고 섞어준 후 커버링 해준다.

4) 젤리를 잘라 시계의 숫자를 표현해준다.

5) 초코스틱 과자와 젤리로 시곗바늘을 표현해준다.

6) 시계 케이크 완성!!

창의력 쑥쑥 상

이름:

위 어린이는 다양한 재활용품으로 자신만의 기발하고 차별화된 아이디어와 호기심으로 탐구력과 사고력을 높여 스스로 창의적인 만들기를 하며 상상력을 키웠기에 이 상장을 수여합니다.

년   월   일

바른 먹거리 식습관 상

이름:

위 어린이는 직접 콩나물에 물을 주고 키우며 식물을 탐구하고 자연스럽게 채소에 관심을 가지며 당근, 오이, 토마토, 파프리카 등 다양한 채소를 골고루 먹는 바른 식습관을 가졌기에 이 상장을 수여합니다.

년 월 일